Conquérir ou conserver la mairie : stratégie pour gagner les élections municipales

© Eric SCARAZZINI, Christophe RIGAUD-BONNET, 2025
Édition : BoD · Books on Demand, 31 avenue Saint-Rémy,
57600 Forbach, bod@bod.fr
Impression : Libri Plureos GmbH, Friedensallee 273,
22763 Hamburg (Allemagne)
ISBN : 978-2-8106-2967-1
Dépôt légal : Février 2025

Conquérir ou conserver la mairie : stratégie pour gagner les élections municipales

Eric SCARAZZINI
Christophe RIGAUD-BONNET

Table des matières

Introduction 11

Partie 1 : réglementation 15

Chapitre 1 : formaliser la candidature auprès des services de l'État 19

1.1 Généralités 19

1.2 Mode de scrutin (au 1ᵉʳ janvier 2025) 21

1.2.1 Communes de moins de 1 000 habitants 21

1.2.2 Communes de plus de 1 000 habitants 23

1.3 Éligibilité et inéligibilité 27

1.3.1 Les conditions d'éligibilité 27

1.3.2 Les critères d'inéligibilité 29

1.4 Incompatibilités et cumul des mandats 33

1.4.1 Fonctions ou emplois incompatibles avec le mandat de conseiller municipal 33

1.4.2. Fonctions ou emplois incompatibles avec le mandat de conseiller communautaire 34

1.4.3. Résolution des incompatibilités 35

1.4.4. Le cumul des mandats locaux 36

1.4.5 Règles applicables au cumul entre mandats locaux et nationaux 37

1.4.6 Incompatibilités issues des liens familiaux des conseillers municipaux ou du nombre de conseillers forains 39

1.5 Déposer la candidature 39

1.5.1 Dates de dépôt 40

1.5.2 Modalités 41

1.5.3 Parité 43

1.5.4 Liste intercommunale 43

1.5.5 Récépissé 45

Chapitre 2 : préparer, gérer le jour du scrutin et le contentieux 49

2.1 Organisation du scrutin 49

2.1.1 Les bureaux de vote 49

2.1.2 Les procurations 50

2.1.3 Le dépouillement 51

2.2 Les modes de scrutin 53

2.2.1 Scrutin uninominal : 53

2.3 Le contentieux électoral 55

2.3.1 Les principaux motifs de recours 57

2.3.2 Le contentieux en matière électorale : les listes électorales 60

2.3.3 Le contentieux en matière électorale : le scrutin 74

2.3.4 Les contentieux spécifiques : campagne électorale, financement vie politique 77

Chapitre 3 : savoir utiliser la propagande électorale 91

3.1 Propagande officielle 93

3.1.1 Commission de propagande 93

3.1.2 Affiches électorales 95

3.1.3 Professions de foi 97

3.1.4 Bulletins de vote 99

3.2 Les moyens de propagande interdits ou limités 101

3.2.1 Restrictions avant le scrutin 101

3.2.2 Interdictions spécifiques 102

3.2.3 Sanctions en cas de manquement 103

Chapitre 4 : gérer le financement de la campagne 107

4.1 Communes de plus de 1 000 habitants 107

4.2 Communes de moins de 9 000 habitants 109

4.3 Communes de plus de 9 000 habitants 109

4.3.1 Sources de financement et limites 110

4.3.2 Dépenses et contrôle des comptes de campagne 111

4.3.3 Dépôt et examen des comptes 111

4.3.4 Sanctions et remboursement 112

4.4 Combien coûte une campagne ?....................................113

4.4.1 Le remboursement des dépenses de campagne municipale 113

4.4.2 Anticipation des frais de campagne 114

4.4.3 La gestion particulière de la propagande 116

Partie 2 : communication 117

Chapitre 5 : comprendre sa commune et son positionnement...121

5.1 Analyser le contexte local 121

5.1.1 Outils d'analyse 121

5.1.2 Résultats électoraux précédents...................125

5.1.3 Profil économique et social 131

5.1.4 Identifier les besoins locaux............................133

5.2 Évaluer le profil du candidat 137

5.2.1 Portrait du leader 137

5.2.2 Profil des colistiers 139

5.2.3 Profil de l'équipe de campagne 141

5.2.4 Positionnement face aux adversaires............143

7

Chapitre 6 : définir une stratégie de campagne gagnante 149

    6.1 Concevoir la stratégie 149

        6.1.1 Comprendre les bases d'une stratégie efficace 150

        6.1.2 L'élaboration d'une feuille de route 151

        6.1.3 La définition des objectifs et des thèmes moteurs 152

        6.1.4 Identifier les cibles électorales prioritaires ... 154

    6.2 Rétroplanning 155

    6.3 Planification des actions de proximité 157

    6.4 Messages et arguments convaincants 159

Chapitre 7 : maîtriser la communication de campagne 163

    7.1 Déclarer publiquement sa candidature 163

    7.2 Organiser les moyens de campagne 165

        7.2.1 Gestion du budget 165

        7.2.2 Équipe et permanence de campagne 165

        7.2.3 Distribution de matériel 166

    7.3 La mise en œuvre de la communication 167

        7.3.1 Les supports de communication 168

        7.3.2 Les relations presse 182

        7.3.3 Les réunions publiques 184

Bibliographie 191

Textes applicables 193

Annexes 195

    Annexe 1 195

    Scrutin, les règles à respecter 195

    Annexe 2 217

Conditions de remboursement de propagande 217

Annexe 3 221

Plafond par habitant des dépenses électorales (au 1er janvier 2025) 221

Annexe 4 223

Exemple de calcul pour une commune de 125 000 habitants 223

Annexe 5 225

Indemnités de fonction brutes mensuelles des maires, des adjoints et des conseillers délégués 225

Annexe 6 227

Indemnités des conseillers départementaux et des conseillers régionaux 227

Annexe 7 229

Indemnités des établissements publics de coopération intercommunale à fiscalité propre 229

Annexe 8 235

Communiqué de presse des associations d'élus demandant la parité dans les fonctions électives 235

Résumé 237

Les auteurs 239

Introduction

Dans un monde où les enjeux locaux prennent une importance croissante, conquérir ou conserver une mairie est bien plus qu'un simple exercice électoral : c'est une mission au cœur de la démocratie de proximité. Les habitants attendent de leurs élus non seulement des réponses concrètes à leurs besoins quotidiens, mais aussi une vision d'avenir pour leur territoire, leur ville, leur quartier, leur environnement de vie. La conquête d'une mairie implique donc une compréhension fine des attentes locales, une stratégie cohérente et percutante, et un programme qui résonne avec les aspirations des citoyens en cohérence avec leur territoire.

Cet ouvrage se veut un guide pratique pour toute personne qui envisage de se lancer dans l'aventure municipale. Nous y aborderons les étapes essentielles pour bâtir une campagne solide et convaincante, de la constitution de l'équipe à l'élaboration du programme, sans oublier les éléments clés de communication, de mobilisation citoyenne et de gestion de la notoriété. Il s'agit aussi de poser les bases d'un mandat qui incarne la proximité et l'écoute, en mettant en avant des valeurs d'intégrité et d'efficacité.

Cet ouvrage vise à donner les outils indispensables pour mener une campagne en phase avec les enjeux locaux d'aujourd'hui. Il s'adresse aussi bien aux novices qu'aux candidats expérimentés qui souhaitent approfondir leur démarche et renforcer leur impact.

Conquérir ou conserver une mairie, c'est construire une vision commune, convaincre, inspirer et s'engager pour le bien-être de son territoire. C'est un défi passionnant, un honneur, et une responsabilité qui méritent toute notre énergie et notre dévouement. Que ce livre soit une boussole pour cette aventure exigeante et enrichissante.

Cette élection nécessite une stratégie et il semble important de définir ce mot qui n'est pas toujours utilisé à bon escient.

Le mot « stratégie » trouve ses racines dans le domaine militaire et désigne initialement l'art de diriger des troupes pour remporter une guerre. La tête de liste doit diriger une équipe de colistiers mais aussi de bénévoles. Au fil du temps, la notion a évolué pour s'appliquer aux domaines économiques, commerciaux et même personnels, prenant le sens d'un ensemble d'actions planifiées et coordonnées pour atteindre un objectif précis.

Voici quelques définitions qui éclairent ce concept :

- **Définition générale :** Selon le *Larousse*, la stratégie est « l'ensemble des manœuvres coordonnées, d'opérations habiles, de moyens employés pour atteindre un but déterminé. » Elle englobe ainsi non seulement les moyens mis en œuvre, mais aussi la réflexion sur la manière d'atteindre cet objectif en tenant compte des circonstances.

- **Définition managériale :** en gestion d'entreprise, *Michael Porter*, spécialiste reconnu en stratégie d'entreprise, décrit la stratégie comme le processus permettant de « choisir les activités distinctives d'une entreprise pour lui conférer un avantage concurrentiel durable ». Selon *Porter*, une stratégie efficace permet de se démarquer en combinant les actions d'une manière unique qui crée de la valeur pour les clients tout en surpassant les concurrents.

- **Définition selon *Igor Ansoff* :** ce théoricien de la gestion définit la stratégie comme « un processus décisionnel continu visant à ajuster les ressources et compétences internes d'une organisation en fonction des opportunités et des menaces de l'environnement extérieur. » Cette définition met l'accent sur l'adaptabilité et l'ajustement constant des actions face à des contextes changeants.

- Définition en sciences politiques : Dans un contexte plus large, *Henry Mintzberg*, théoricien des organisations, a élargi la vision de la stratégie. Il la considère comme « un ensemble de décisions interconnectées, formant un modèle qui guide l'organisation sur le long terme. » Cette approche dynamique reconnaît l'importance de l'évolution progressive des stratégies et des adaptations en fonction des événements.

Ces définitions montrent que la stratégie repose sur une réflexion à long terme, une évaluation des ressources disponibles et une compréhension approfondie de l'environnement. Il faut incarner une vision à long terme du territoire. La tête de liste et les colistiers doivent être représentatifs et en adéquation avec les électeurs.

Conquérir ou conserver la mairie : stratégie pour gagner les élections municipales

Partie 1 : réglementation

Conquérir ou conserver la mairie : stratégie pour gagner les élections municipales

Chapitre 1 : formaliser la candidature auprès des services de l'État

Chapitre 1 : formaliser la candidature auprès des services de l'État

La formalisation de la candidature est une étape clé du processus électoral. Elle repose sur le respect des règles d'éligibilité, la compréhension des incompatibilités et des règles de cumul, ainsi que la maîtrise des démarches administratives. Ce chapitre détaille les conditions nécessaires pour se porter candidat, les étapes du dépôt de candidature, et l'importance de la parité. La déclaration de candidature auprès des administrés est différente de la déclaration administrative, elle doit se faire en amont de la candidature administrative et sera abordée dans le chapitre communication.

1.1 Généralités

La population municipale détermine le mode de scrutin applicable, mais également le nombre de conseillers municipaux à élire[1]. Le chiffre de la population municipale authentifiée avant l'élection

---

[1] Art. L. 2121-2 du CGCT

est celui établi au 1er janvier 2026. Le nombre de conseillers en fonction du nombre d'habitants est le suivant :

Population de la commune	Nombre de membres du conseil municipal
Moins de 100 habitants	7
De 100 à 499 habitants	11
De 500 à 1 499 habitants	15
De 1 500 à 2 499 habitants	19
De 2 500 à 3 499 habitants	23
De 3 500 à 4 999 habitants	27
De 5 000 à 9 999 habitants	29
De 10 000 à 19 999 habitants	33
De 20 000 à 29 999 habitants	35
De 30 000 à 39 999 habitants	39
De 40 000 à 49 999 habitants	43
De 50 000 à 59 999 habitants	45
De 60 000 à 79 999 habitants	49
De 80 000 à 99 999 habitants	53
De 100 000 à 149 999 habitants	55
De 1500 000 à 199 999 habitants	59
De 200 000 à 249 999 habitants	61
De 250 000 à 299 999 habitants	65
De 300 000 et au-dessus	69

Il existe des règles spécifiques pour les collectivités ultra-marines, les communes nouvelles et les communes associés.

1.2 Mode de scrutin (au 1er janvier 2025)

 Cet ouvrage prend en compte la réglementation applicable au 1er janvier 2025. Pour les communes de moins de 1 000 habitants le scrutin pourrait être modifié pour 2026 et devenir un scrutin de liste avec parité. Il est judicieux d'anticiper cette parité dans la préparation de la liste[2].

1.2.1 Communes de moins de 1 000 habitants

Élection des conseillers municipaux

Les conseillers municipaux sont élus pour six ans au scrutin plurinominal majoritaire à deux tours[3]

Les votes sont comptabilisés séparément pour chaque candidat, même dans le cas de candidature groupée, c'est-à-dire lorsque plusieurs candidats expriment

---
[2] Voir annexe 8
[3] Art. L. 227 et L. 252 du code électoral

leur intention de soumettre leur candidature conjointement sur un seul bulletin de vote. Pour être élu dès le premier tour, le candidat doit obtenir la majorité absolue des suffrages exprimés ainsi qu'un nombre de voix au moins équivalent à un quart du total des électeurs inscrits sur les listes électorales. Si un second tour est nécessaire, une majorité relative suffit, indépendamment de la quantité d'électeurs. Si les votes sont identiques pour plusieurs candidats, le candidat le plus âgé sera élu.[4]

Désignation des conseillers communautaire
Les conseillers communautaires sont désignés automatiquement en suivant l'ordre du tableau après qu'ont été élus le maire et les adjoints[5]
Après l'installation du Conseil municipal, qui doit se dérouler au plus tard le dimanche suivant l'élection, les élus sont classés dans l'ordre du tableau selon les modalités suivantes : prennent rang après le maire, les adjoints par ordre de nomination, puis les conseillers municipaux. Ces derniers sont classés en fonction de l'ancienneté de leur élection, puis du

---
[4] Art. L. 253 du code électoral
[5] Art. L. 273-11 du code électoral

nombre de suffrages obtenus pour ceux élus le même jour ou, en cas d'égalité de voix, par priorité d'âge[6].

Le nombre de sièges de conseillers communautaires attribués à chaque commune membre d'un établissement public de coopération intercommunale à fiscalité propre (EPCI) doit être établi, préalablement à l'élection des conseillers municipaux. Il existe aussi des incompatibilités pour être conseiller communautaire.

1.2.2 Communes de plus de 1 000 habitants

Élection des conseillers municipaux

Les conseillers municipaux sont élus pour six ans au scrutin proportionnel, de liste, à deux tours avec prime majoritaire[7]

Le dépôt d'une déclaration de candidature auprès des services de l'État est exigé pour chaque tour de scrutin. Un candidat ne peut l'être dans plus d'une circonscription électorale, ni sur plus d'une liste. Les listes doivent être complètes, sans modification de l'ordre de présentation. Elles doivent respecter la parité, c'est-à-dire être composées d'autant de

---

[6] Art. L. 2121-1 du CGCT
[7] Articles L260 à L262 et articles L263 à 267 du code électoral

femmes que d'hommes, avec alternance obligatoire une femme/un homme ou inversement.

Au premier tour, la liste qui obtient la majorité absolue des suffrages exprimés reçoit un nombre de sièges égal à la moitié des sièges à pourvoir. Les autres sièges sont répartis à la représentation proportionnelle à la plus forte moyenne entre toutes les listes ayant obtenu plus de 5% des suffrages exprimés, en fonction du nombre de suffrages obtenus.

Si aucune liste n'obtient la majorité absolue, un second tour est organisé. Lors du second tour, seules les listes ayant obtenu au premier tour au moins 10% des suffrages exprimés sont autorisées à se maintenir. Elles peuvent connaître des modifications, notamment par fusion avec d'autres listes pouvant se maintenir ou fusionner. Les listes ayant obtenu au moins 5% des suffrages exprimés peuvent fusionner avec une liste ayant obtenu plus de 10%. La répartition des sièges se fait alors comme lors du premier tour.

À Paris, Marseille et Lyon, l'élection se fait par secteurs constitués. On ne peut pas être candidat dans plusieurs secteurs. L'élection des conseillers municipaux et conseillers d'arrondissement se fait en même temps et selon les mêmes règles, sur la même liste.

Désignation des conseillers communautaire

Les conseillers communautaires sont également élus pour six ans, par fléchage, selon le même mode de scrutin et par le même vote que les conseillers municipaux[8].

Les conseillers communautaires doivent nécessairement être issus de la liste des conseillers municipaux. Cette règle s'applique aux métropoles du Grand Paris et d'Aix-Marseille-Provence pour l'élection des conseillers métropolitains, mais dans le cadre de chaque secteur.

À Lyon, il n'y a pas de conseillers communautaires à élire dans les communes comprises dans le territoire de la métropole de Lyon, sa création au 1er janvier 2015 comme collectivité territoriale à statut particulier ayant supprimé les intercommunalités antérieures.

---

[8] Art. L. 273-6 du code électoral

1.3 Éligibilité et inéligibilité

1.3.1 Les conditions d'éligibilité

Pour pouvoir se porter candidat aux élections municipales, il faut :
- Être âgé de 18 ans révolus
- Être électeur de la commune
- Être de nationalité française
- Les ressortissants des autres États membres de l'Union européenne sont également éligibles au mandat de conseiller municipal. Pour ce faire, tout candidat ressortissant d'un État membre doit :

- disposer de la qualité d'électeur, c'est-à-dire figurer sur une liste électorale complémentaire municipale ou remplir les conditions pour y figurer[9]
- être âgé de dix-huit ans révolus[10]
- jouir de ses droits d'éligibilité en France et dans son État d'origine[11]
- avoir son domicile réel ou une résidence continue en France depuis six mois au moins[12].

---

[9] Art. LO. 228-1 du code électoral
[10] Art. LO. 228 alinéa 1er du code électoral
[11] Art. L. 230-2 du code électoral
[12] Art. LO 227-1 du code électoral

Les États membres de l'Union européenne sont : Allemagne, Autriche, Belgique, Bulgarie, Chypre, Croatie, Danemark, Espagne, Estonie, Finlande, Grèce, Hongrie, Irlande, Italie, Lettonie, Lituanie, Luxembourg, Malte, Pays-Bas, Pologne, Portugal, République tchèque, Roumanie, Slovaquie, Slovénie et Suède.

> ➢ Les députés et les sénateurs sont éligibles dans toutes les communes du département dans lequel ils ont été candidats.

Électeur de la commune

Pour être électeur **de la commune**, il faut :

> ➢ Avoir son **domicile réel** dans la commune (sans condition de durée)

ou

> ➢ Y habiter depuis au moins six mois (résidence actuelle, effective, continue)

ou

> ➢ Figurer pour la cinquième fois, sans interruption, au rôle d'une contribution directe communale, l'année de la demande d'inscription sur les listes électorales. Il existe 3 contributions directes communales : la taxe foncière sur les propriétés bâties, la taxe foncière sur les propriétés non bâties, la CET.

> Le nombre de conseillers municipaux qui ne résident pas dans la commune est limité au quart des membres du conseil dans les communes de plus de 500 habitants. Dans les communes de moins de 500 habitants, ce nombre est limité à 4 pour les conseils municipaux comportant 9 membres, à 5 pour ceux qui comportent 11 membres.

1.3.2 Les critères d'inéligibilité

Certaines situations rendent une personne inéligible :

Fonctions spécifiques :

Pendant la durée de leurs fonctions :

- Le Contrôleur général des lieux de privation de liberté sauf s'il exerçait déjà le même mandat antérieurement à sa nomination[13]
- Le Défenseur des droits[14]

Dans le ressort où ils exercent ou ont exercé leurs fonctions :

- Les préfets affectés sur un poste territorial (depuis moins de trois ans)
- Les sous-préfets, les secrétaires généraux de préfecture, les directeurs de cabinet de préfet, les sous-préfets chargés de mission auprès d'un préfet et

---

[13] Art. L. 230-1 du code électoral
[14] Art. LO. 230-3 du code électoral

les secrétaires généraux ou chargés de mission pour les affaires régionales ou pour les affaires de Corse (depuis moins d'un an)[15]

- Depuis moins de 6 mois[16] : les magistrats des Cours d'appel, les membres des tribunaux administratifs et des chambres régionales des comptes, les officiers et sous-officiers de gendarmerie ainsi que les officiers supérieurs et généraux des autres corps militaires, les magistrats des tribunaux de grande instance et d'instance, les fonctionnaires des corps actifs de la police nationale, les comptables des deniers communaux agissant en qualité de fonctionnaire et les entrepreneurs de services municipaux, les directeurs et les chefs de bureau de préfecture et les secrétaires généraux de sous-préfecture, les personnes exerçant, au sein du conseil régional, du conseil départemental, de la collectivité de Corse, de la collectivité de Guyane ou de Martinique, d'un établissement public de coopération intercommunale à fiscalité propre ou de leurs établissements publics, les fonctions de directeur général des services, directeur général adjoint des services, directeur des services, directeur adjoint des services ou chef de service, ainsi que les fonctions de directeur de cabinet, directeur adjoint de

---

[15] Art. L. 231, 1er alinéa du code électoral
[16] Art. L. 231, 2ème alinéa du code électoral

cabinet ou chef de cabinet ayant reçu délégation de signature du président, du président de l'assemblée ou de président du conseil exécutif, en tant que chargés d'une circonscription territoriale de voirie : les ingénieurs en chef, ingénieurs divisionnaires et ingénieurs des travaux publics de l'État, les chefs de section principaux et chefs de section des travaux publics de l'État.

Les agents salariés communaux ne peuvent pas être élus conseillers municipaux de la commune qui les emploie. De plus, un agent salarié d'un établissement public de coopération intercommunale (EPCI) est inéligible en application de l'article L. 231 dès lors qu'il est placé sous l'autorité directe du maire pour l'exercice de ses fonctions sur le territoire de sa commune

Non-respect des obligations légales : Par exemple, un manquement à la déclaration de patrimoine pour les élus concernés par cette obligation. Les personnes déclarées inéligibles par une décision définitive du juge de l'élection pour non-respect de la législation sur les comptes de campagne et dont l'inéligibilité court encore[17].

---

[17] Art. L. 234 du code électoral

Condamnations pénales : les personnes privées de leur droit de vote ou de leur droit d'éligibilité à la suite d'une condamnation pénale définitive [18].

Autres cas : les personnes placées sous tutelle ou sous curatelle[19], les personnes qui ne justifient pas avoir satisfait aux obligations imposées par le code du service national[20], les conseillers municipaux déclarés démissionnaires par le tribunal administratif dans l'année qui suit la notification de cette décision[21], les ressortissants des États membres de l'Union européenne autres que la France déchus du droit d'éligibilité dans leur État d'origine[22].

Inéligibilité liée à l'interdiction des candidatures multiples

Nul ne peut donc être candidat dans plus d'une commune[23], ni, à Paris, Lyon et Marseille, dans plusieurs secteurs[24]. Nul ne peut être candidat sur plus d'une liste[25].

---

[18] Art. L. 6, L. 230 et L. 233 du code électoral
[19] Art. L. 230 du code électoral
[20] Art. L. 45 du code électoral
[21] Art. L. 235 du code électoral
[22] Art. LO. 230-2 du code électoral
[23] Art. L. 263 du code électoral
[24] Art. L. 272-2 du code électoral
[25] Art. L. 263 du code électoral

La vérification de l'éligibilité avant le dépôt de candidature est essentielle pour éviter une annulation.

1.4 Incompatibilités et cumul des mandats

L'incompatibilité n'interdit pas la candidature mais s'oppose à la conservation simultanée du mandat et de la fonction mettant l'élu en situation d'incompatibilité.
L'existence d'une incompatibilité est donc sans incidence sur la régularité de l'élection. Les incompatibilités ne s'appliquent qu'aux conseillers municipaux ou communautaires proclamés élus et non aux suivants de liste non encore appelés à exercer les fonctions de conseiller municipal.

1.4.1 Fonctions ou emplois incompatibles avec le mandat de conseiller municipal

Le mandat de conseiller municipal est incompatible avec les fonctions de : préfet, sous-préfet ou secrétaire général de préfecture y compris hors du département où se situe la commune[26], fonctionnaire des corps de

---

[26] Art. L. 237 du code électoral

conception et de direction et de commandement et d'encadrement de la police nationale[27] (art. L. 237) ce qui exclut les brigadiers-chefs et les majors qui ne font pas partie de la nouvelle appellation du corps de commandement de la police nationale regroupant les fonctions visées par l'article, représentant légal des établissements publics de santé, des hospices publics ou maisons de retraite publiques (à l'exclusion de celles qui sont rattachées au bureau d'aide sociale de Paris) dans la ou les communes de rattachement de l'établissement où il est affecté[28], emploi salarié au sein du centre communal d'action sociale de la commune[29]. Le mandat de conseiller municipal est également incompatible avec l'exercice de la fonction de réserviste de la gendarmerie nationale dans la commune d'élection[30].

1.4.2. Fonctions ou emplois incompatibles avec le mandat de conseiller communautaire

Les conseillers communautaires étant nécessairement des conseillers municipaux, ils sont

---

[27] Art. L. 237 du code électoral
[28] Art. L. 237 du code électoral
[29] Art. L. 237-1 du code électoral
[30] Art. L. 46 du code électoral

soumis aux mêmes incompatibilités que ces derniers. Leur sont en outre applicables trois incompatibilités supplémentaires :
> L'exercice d'un emploi salarié au sein du centre intercommunal d'action sociale créé par l'établissement public de coopération intercommunale[31].
> L'exercice d'un emploi salarié au sein de l'établissement public de coopération intercommunale ou de ses communes membres[32].
> La fonction de militaire en position d'activité dans les établissements publics de coopération intercommunale à fiscalité propre regroupant plus de 25 000 habitants[33].

1.4.3. Résolution des incompatibilités

Il convient de distinguer selon que l'incompatibilité existe au moment de l'élection ou survient après.
L'incompatibilité au jour de l'élection :
> Pour les incompatibilités visées à l'article L. 237, l'élu dispose d'un délai d'option de dix jours à

---
[31] Art. L. 237-1 du code électoral
[32] Art. L. 237-1 du code électoral
[33] Art. L. 46 du code électoral

l'échéance duquel le mandat est perdu. Lorsque les textes ne prévoient pas de délai d'option, le juge, s'il est saisi, met fin à l'incompatibilité en annulant l'élection.

Tout conseiller municipal qui, pour une cause survenue postérieurement à son élection, se trouve dans un des cas d'incompatibilité prévus par les articles L. 46, L. 237, L. 237-1 et L. 238, peut être déclaré démissionnaire par le préfet, sauf réclamation au tribunal administratif dans les dix jours de la notification, et sauf recours au Conseil d'État[34].

1.4.4. Le cumul des mandats locaux

Un conseiller municipal ne peut détenir au plus qu'un seul des autres mandats locaux suivants[35] : conseiller régional, conseiller départemental, conseiller de Paris, conseiller métropolitain de Lyon, conseiller à l'assemblée de Corse ou membre du conseil exécutif de Corse, conseiller à l'assemblée de Guyane, conseiller à l'assemblée de Martinique ou membre du conseil exécutif de Martinique.

---

[34] Art. L. 239 du code électoral
[35] Art. L. 46-1 du code électoral

Un ressortissant d'un État membre autre que la France ne peut être à la fois conseiller municipal et membre d'une assemblée locale dans un autre État membre.

Nul ne peut être membre de plusieurs conseils municipaux[36]. Tout membre d'un conseil municipal élu postérieurement conseiller municipal dans une autre commune cesse d'appartenir au premier conseil municipal[37].

1.4.5 Règles applicables au cumul entre mandats locaux et nationaux

Les mandats de conseiller municipal d'une commune de moins de 1000 habitants peuvent être cumulés avec les mandats de député ou de sénateur. Cependant, les mandats de parlementaires nationaux ne sont pas compatibles avec les fonctions de maire, de maire d'arrondissement, de maire délégué et d'adjoint au maire, président et vice-président d'un EPCI[38].

Un élu acquérant un mandat de conseiller municipal le plaçant en situation d'incompatibilité dispose d'un

---

[36] Art. L. 238 du code électoral
[37] Art. L. 238 du code électoral
[38] Art. LO. 141-1 du code électoral

délai de trente jours à compter de la date de l'élection qui l'a placé dans cette situation (ou, en cas de contestation de cette élection, à compter de la date à laquelle la décision juridictionnelle confirmant l'élection qui est à l'origine de la situation de cumul prohibé devient définitive) pour démissionner de l'un des mandats qu'il détenait antérieurement. À défaut d'option, c'est son mandat le plus ancien qui prend fin de plein droit. En cas de démission du dernier mandat acquis, le mandat le plus ancien prendra également fin de plein droit : l'élu perdra alors deux mandats.

Dans le cas particulier du cumul avec un mandat local dans un autre État membre, l'élu doit démissionner d'un de ses mandats dans un délai de dix jours[39] (L. 238-1). En l'absence de choix, le préfet le déclare démissionnaire de son mandat de conseiller municipal sauf réclamation au tribunal administratif dans les dix jours de la notification[40].

---

[39] Art. L. 238-1 du code électoral
[40] Art. L. 239 du code électoral

1.4.6 Incompatibilités issues des liens familiaux des conseillers municipaux ou du nombre de conseillers forains

Dans les communes de plus de 500 habitants, le nombre d'ascendants et de descendants en ligne directe (père, mère, (arrière) grand-père, (arrière) grand-mère, fils, fille, (arrière) petit-fils, (arrière) petite-fille, frères et sœurs, qui peuvent être simultanément membres du même conseil municipal est limité à deux[41].

Le nombre de conseillers qui ne résident pas dans la commune au moment de l'élection, communément appelés « conseillers forains », ne peut excéder pour les communes de plus de 500 habitants, le quart du nombre de conseillers municipaux et pour les communes de 500 habitants au plus, quatre conseillers pour les conseils municipaux à 7 membres et cinq conseillers pour ceux à 11 membres[42].

1.5 Déposer la candidature

La déclaration de candidature est désormais obligatoire, quelle que soit la taille de la commune.

---

[41] Art. L. 238 du code électoral
[42] Art. L. 228 du code électoral

1.5.1 Dates de dépôt

Le dépôt des candidatures est encadré par un calendrier strict fixé par le gouvernement :
Pour les municipales, le dépôt des candidatures doit avoir lieu au plus tard :
- ➢ Avant 18h00, le troisième jeudi précédant le scrutin pour le premier tour,
- ➢ Avant 18h00, le mardi suivant le premier tour pour le second tour. **Pour pouvoir se présenter au second tour, les listes doivent avoir recueilli au moins 10 % du total des suffrages exprimés au premier tour pour les municipales.** Les listes peuvent être modifiées au second tour pour comprendre des candidats figurant sur d'autres listes, sous réserve que celles-ci ne se maintiennent pas au second tour et qu'elles aient recueilli au moins 5 % des suffrages exprimés au premier tour.

Il est essentiel de se renseigner sur les dates précises pour chaque élection auprès de la préfecture ou des autorités compétentes.

1.5.2 Modalités

Commune de moins de 1 000 habitants

Une déclaration de candidature est obligatoire au premier tour du scrutin pour tous les candidats et, au second tour, pour les candidats qui ne se sont pas présentés au premier tour.
Elle est déposée à la préfecture ou à la sous-préfecture.
La parité ne s'applique pas.
Le dépôt de candidature exige de fournir des documents précis :

- **Formulaire officiel** : Rempli et signé par le candidat (cerfa N° 14996*03).

- **Pièces justificatives** : Carte d'identité, attestation d'inscription sur les listes électorales ou document prouvant l'attache avec la commune (cerfa N° 14996*03[43]).

Commune de plus de 1 000 habitants

La déclaration de candidature doit être déposée en préfecture ou sous-préfecture, pour chaque tour de scrutin, par le responsable de la liste pour les municipales.
Le responsable de la liste n'est pas nécessairement le candidat tête de liste, mais la personne qui dispose des

---

[43] Document téléchargeable sur internet

mandats de l'ensemble des candidats figurant sur la liste. Ce mandat est joint lors du dépôt.

Le dépôt de candidature exige de fournir des documents précis :

- **Liste des colistiers** : Pour les élections en équipe, comme les municipales dans les communes de plus de 1 000 habitants (cerfa N° 14998*02[44]).
- **Formulaire officiel** : Rempli et signé par le candidat (cerfa N° 14997*03).
- **Pièces justificatives** : Carte d'identité, attestation d'inscription sur les listes électorales ou document prouvant l'attache avec la commune (cerfa N° 14997*03[45]). Pour le premier tour de scrutin dans les communes de 9 000 habitants et plus, sont également jointes les pièces de nature à prouver que le candidat a procédé à la déclaration d'un mandataire
- **Soutiens nécessaires** : Pour certaines élections (présidentielles, sénatoriales), des parrainages d'élus sont requis.

Un contrôle administratif est effectué pour vérifier la conformité du dossier avant validation officielle.

---

[44] Document téléchargeable sur internet
[45] Document téléchargeable sur internet

Deux noms de candidats supplémentaires pourront être inscrits en fin de liste, pour éviter de nouvelles élections en cas de démissions ou de décès.

1.5.3 Parité

La loi impose une stricte parité hommes-femmes pour certaines élections, notamment celles organisées selon un scrutin de liste.

- **Élections municipales et régionales** : Les listes doivent respecter une alternance stricte homme-femme.
- **Sanctions** : En cas de non-respect, la liste peut être rejetée ou sanctionnée financièrement.

La parité vise à garantir une meilleure représentation des femmes dans les instances électives, contribuant à une démocratie plus inclusive.

1.5.4 Liste intercommunale

Les conseillers des établissements publics de coopération intercommunale à fiscalité propre doivent être élus simultanément aux conseillers municipaux.

Commune de moins de 1 000 habitants

Les conseillers communautaires sont les conseillers municipaux désignés dans l'ordre du tableau, ce qui impose un cumul de fonctions et de responsabilité pour le maire et ses adjoints au détriment de ceux des conseillers municipaux qui auraient souhaité s'impliquer dans les affaires communautaires.

Commune de plus de 1 000 habitants

Le bulletin de votre devra comprendre deux listes, la première relative aux candidats au conseil municipal, la seconde relative aux candidats au conseil communautaire. La liste des candidats aux sièges de conseiller communautaire doit comporter un nombre de candidats égal au nombre de sièges attribués à la commune dans le conseil communautaire, augmenté d'un candidat supplémentaire si ce nombre est inférieur à cinq et de deux dans le cas inverse.

Les candidats aux sièges de conseiller communautaire figurent dans l'ordre de présentation dans lequel ils apparaissent sur la liste des candidats au conseil municipal.

La liste des candidats aux sièges de conseiller communautaire est composée alternativement de candidats de chaque sexe.

Tous les candidats présentés dans le premier quart de

la liste des candidats aux sièges de conseiller communautaire doivent figurer, de la même manière et dans le même ordre, en tête de la liste des candidats au conseil municipal.

Tous les candidats aux sièges de conseiller communautaire doivent figurer au sein des trois premiers cinquièmes de la liste des candidats au conseil municipal.

Toutefois, lorsque le nombre de sièges de conseiller communautaire à pourvoir, augmenté du ou des deux remplaçants selon le cas, excède les trois cinquièmes du nombre de sièges de conseiller municipal à pourvoir, la liste des candidats aux sièges de conseiller communautaire reprend l'ordre exact de présentation de la liste des candidats au conseil municipal.

1.5.5 Récépissé

Un récépissé attestant de l'enregistrement de la candidature est délivré dans les quatre jours du dépôt de cette déclaration, si celle-ci est conforme aux prescriptions en vigueur et établit que les candidats satisfont aux conditions d'âge et d'éligibilité.

En cas de refus de délivrance du récépissé, tout candidat dispose de 24 heures pour saisir le tribunal administratif qui statue en premier et dernier ressort dans les 3 jours suivant le dépôt dela requête.

> Formaliser une candidature exige une préparation rigoureuse et le respect des règles légales. Comprendre les conditions d'éligibilité, anticiper les incompatibilités, et maîtriser les démarches administratives sont essentiels pour éviter les obstacles juridiques et administratifs. En respectant également les exigences de parité, le candidat s'inscrit dans une démarche moderne et citoyenne.

Il est conseillé de se rendre le plus rapidement possible à la préfecture ou sous-préfecture afin de déposer sa liste. En effet en cas d'erreur ce délai permettra de trouver une solution dans les délais réglementaires. Il est à savoir que certaines préfectures ne reçoivent que sur rendez-vous.

⚠️ Des discussions sont encore en cours concernant la parité entre le 1er adjoint et le maire dans les communes de plus de 1 000 habitants ainsi que la possibilité d'élections de listes dans les communes de moins de 1 000 habitants.

Conquérir ou conserver la mairie : stratégie pour gagner les élections municipales

Chapitre 2 : préparer, gérer le jour du scrutin et le contentieux

Chapitre 2 : préparer, gérer le jour du scrutin et le contentieux

Le jour du scrutin est le moment clé d'une campagne électorale, où la stratégie mise en œuvre est soumise au verdict des électeurs. Une organisation rigoureuse et conforme aux règles électorales est indispensable pour garantir la légitimité du processus. Ce chapitre aborde l'organisation pratique du scrutin, des bureaux de vote au dépouillement, ainsi que la gestion des contentieux électoraux, des recours aux sanctions.

2.1 Organisation du scrutin[46]

2.1.1 Les bureaux de vote

Chaque bureau de vote doit fonctionner de manière organisée et transparente :
Composition du bureau du bureau de vote
- Président (souvent un élu local, cela fait partie de leur obligation, à défaut le maire désigne un électeur de la commune).

---

[46] Voir annexe 1 : les règles à respecter afin d'éviter le recours contentieux

- Assesseurs (désignés par les candidats parmi les électeurs du département, ou par le maire, parmi les élus ou les électeurs de la commune).
- Secrétaire (chargé de la tenue des PV et désigné par les membres du bureau du bureau de vote parmi les électeurs de la commune).

Fonctionnement :
- Ouverture généralement à 8h et fermeture à 18h ou 20h selon les communes (arrêté préfectoral).
- Accueil des électeurs, vérification des inscriptions sur les listes électorales, distribution des bulletins et enveloppes.

Respect des règles :
- Interdiction de toute propagande à proximité du bureau et confidentialité du vote garantie.

2.1.2 Les procurations

La procuration permet à un électeur absent de voter par l'intermédiaire d'un autre électeur inscrit dans la même commune.

Procédure :
- La demande se fait auprès de la gendarmerie, de la police, du tribunal ou par internet.

Conditions :

- L'électeur porteur de la procuration doit être inscrit dans le même bureau ou la même commune, selon les modalités locales.

Rôle des candidats :
- Ils doivent sensibiliser leurs électeurs sur l'importance d'établir les procurations en avance pour éviter les retards.

2.1.3 Le dépouillement

Le dépouillement est une étape-clé garantissant la transparence du vote :

Déroulement :
- À la fermeture du bureau, l'urne est ouverte en présence des membres et des scrutateurs.
- Les bulletins sont comptabilisés et les résultats inscrits sur les procès-verbaux.

Rôle des scrutateurs :
- Les candidats peuvent désigner des scrutateurs pour surveiller le dépouillement et signaler toute anomalie.

Publication des résultats :
- Les résultats sont proclamés publiquement au bureau et transmis à la préfecture.

2.2 Les modes de scrutin

Le choix du mode de scrutin dépend du type d'élection :

2.2.1 Scrutin uninominal :

Majoritaire à un tour :
- Le candidat avec le plus de voix est élu (ex. : sénatoriales).

Majoritaire à deux tours :
- Un second tour est organisé si aucun candidat n'atteint 50 % au premier (ex. : présidentielle).

Scrutin de liste :
À la proportionnelle :
- Les sièges sont répartis en fonction du pourcentage de voix obtenues (ex. : élections européennes).

Mixte :
- Une prime majoritaire est attribuée à la liste en tête (ex. : régionales).

Connaître le mode de scrutin permet aux candidats d'adapter leur stratégie, notamment en termes de mobilisation pour le second tour.

2.3 Le contentieux électoral

Ce contentieux repose sur un même ensemble de règles, rassemblées notamment au sein du code électoral.

Cette unicité tient, tout d'abord, à ce que les différentes élections soulèvent des questions communes, en matière de notamment d'inscriptions sur les listes électorales, de déroulement de la campagne ou de modalités du vote.

Elle tient, ensuite, à ce que les juridictions administratives et le Conseil constitutionnel, entre lesquels est réparti le contentieux des élections politiques, partagent la conception selon laquelle le juge électoral n'est pas seulement un gardien des formalités, mais aussi et surtout le garant de la sincérité du vote.

Les juridictions judiciaires jouent aussi un rôle en matière électorale :
- ➢ La fraude électorale au sens de l'article L. 97 code électoral constitue un délit réprimé par le juge pénal.
- ➢ Les litiges relatifs aux inscriptions et radiations de personnes déterminées sur les listes électorales relèvent du juge civil.

2.3.1 Les principaux motifs de recours

Les causes d'invalidation dues au déroulement irrégulier des opérations de vote

Les causes récurrentes :
- Absence de vérification de l'identité des électeurs
- Inobservation de l'obligation de passage par l'isoloir
- Absence de signature des électeurs
- Signature de la liste d'émargement avant l'introduction du bulletin dans l'urne
- Émargement par le président du bureau de vote à la place des électeurs
- Usage d'une urne non transparente ou non réglementaire
- Usage d'enveloppes de scrutin non réglementaires
- Usage massif de bulletins de vote non réglementaires

Les autres causes :
- Mise à disposition tardive des bulletins de vote d'un des candidats
- Refus de mise à disposition des électeurs du procès-verbal des opérations de vote pour une réclamation

- Urne laissée sans surveillance
- Bureau de vote fermé momentanément
- Entrave par le bureau de vote à l'exercice des fonctions du délégué
- Organisation par le maire d'une fausse élection

Les causes liées aux opérations de dépouillement et de transmission des procès-verbaux

- Discordance entre les mentions figurant au procès-verbal des opérations de vote et les feuilles d'émargement
- Discordance entre le nombre des émargements et celui des bulletins et enveloppes trouvés dans l'urne
- Incohérence des différents résultats retracés faisant obstacle à la vérification de la régularité des votes

Sont également sanctionnées :

- Les opérations de dépouillement non conformes à la loi
- L'absence de transmission par la commune des listes d'émargement

Quels sont les pouvoirs du juge en matière de contentieux électoral ?

Le juge peut prendre diverses mesures dans le cadre de la contestation des résultats d'une élection.

La rectification des résultats de l'élection.

Si le juge administratif est à même de déterminer avec certitude les bénéficiaires légitimes des voix sur lesquelles porte le contentieux, il peut corriger les erreurs de comptage et proclamer les nouveaux résultats.

L'annulation partielle ou totale de l'élection.

Le juge peut être amené à annuler l'élection s'il ne dispose pas des éléments permettant d'établir un décompte fiable des voix.

Cette annulation peut porter sur l'ensemble du scrutin, ou sur l'élection de certains membres d'une liste uniquement.

Il peut également décider l'annulation de l'élection s'il considère qu'elle a été entachée d'irrégularités de nature à remettre en cause la sincérité du scrutin :

Ex : diffusion de tracts diffamatoires, existence d'un climat de violence, pressions exercées sur les électeurs...

La déclaration de l'inéligibilité d'un candidat

En cas d'irrégularité des comptes de campagne ou de manœuvres frauduleuses, le juge peut déclarer un candidat inéligible pour une durée maximum de trois ans.

Que se passe-t-il dans l'attente de la décision du tribunal administratif ?

Le dépôt d'une protestation électorale n'a pas d'effet suspensif de l'élection concernée.

Les élus conservent leurs responsabilités jusqu'à la décision finale du tribunal administratif.

En cas d'appel de cette décision devant le Conseil d'État, les élus sont suspendus de leurs fonctions jusqu'à la fin de la procédure.

2.3.2 Le contentieux en matière électorale : les listes électorales

La loi prévoit trois types de recours contentieux :

- ➢ Un recours ouvert à tout électeur contre la décision le concernant de refus d'inscription ou de radiation pour perte d'attache avec la commune prise par le maire. Ce recours doit être impérativement être précédé d'un Recours Administratif Préalable Obligatoire (RAPO) devant la commission de contrôle des listes électorales.
- ➢ Un recours ouvert à tout électeur inscrit sur la liste électorale de la commune ou au préfet en vue de demander :

- L'inscription d'un électeur omis
- La radiation d'un électeur indûment inscrit

Ou de contester :
- La décision d'inscription ou de radiation d'un électeur.

➢ Un recours ouvert à toute personne qui prétend :
- Avoir été omise de la liste électorale de la commune en raison d'une erreur purement matérielle
- Avoir été radiée par le maire en méconnaissance de la procédure contradictoire prévue à l'article L18

> Il appartient au demandeur d'apporter la preuve de ses allégations, ces preuves peuvent être établies par tout moyen.

Recours ouvert à tout électeur contre la décision le concernant de refus d'inscription ou de radiation

Le Recours Administratif Préalable Obligatoire (RAPO)

Modalités de saisine de la commission de contrôle dans le cadre d'un recours administratif préalable obligatoire :

C'est la date à laquelle l'intéressé envoie sa demande à la commission de contrôle qui fait foi.

La commission peut être saisie par tout citoyen dans un délai de cinq jours à compter de la notification de la décision de refus d'inscription ou de radiation pour perte d'attache avec la commune prononcée par le Maire.

Elle peut être saisie :

- Par voie postale avec accusé de réception.
- Par voie électronique.

Les adresses ainsi que les voies et délais de recours sont obligatoirement indiquées dans la décision du maire.

Forme du recours administratif préalable obligatoire :

Aucune condition de forme n'est exigée, mais il est recommandé au demandeur d'indiquer ses nom, prénom, adresse, date et lieu de naissance, la nature et la date de la décision contestée dont il joint une copie.

Modalités d'examen du recours administratif préalable obligatoire par la commission de contrôle :

Dès la réception du recours, le secrétariat avertit le conseiller municipal en charge de la convocation de la commission qui doit statuer dans les trente jours.

Délais et modalités de notification des décisions de la commission de contrôle

Le secrétariat de la commission notifie la décision dans les deux jours à l'intéressé, au Maire. Elle est également notifiée à l'Insee dans le cas où elle modifie la décision du Maire.

L'avis de notification doit préciser les délais et voies de recours.

> C'est la date de prise de connaissance de la décision de la commission par l'intéressé qui fait courir le délai contentieux.

Cas où la commission n'a pas statué :

- Si la commission de contrôle n'a pas pu délibérer dans les trente jours (égalité des voix, quorum non atteint).

- Si la commission de contrôle s'est réunie préalablement à un scrutin et n'a pas statué sur les recours administratifs préalables formés devant elle. **elle est réputée avoir rejeté le recours.**

- Si la commission de contrôle confirme la décision de refus d'inscription ou de radiation pour perte d'attache avec la commune prononcée par le Maire.

- Si la commission de contrôle n'a pas statué sur le recours administratif préalable obligatoire. **l'intéressé peut exercer un recours devant le tribunal judiciaire dans un délai de 7 jours à compter :** de la notification de la décision de la commission de contrôle ou de la décision implicite de rejet.

La commission de contrôle
Une commission par commune[47]

Ne peuvent être membres de la commission de contrôle : le Maire, les adjoints titulaires d'une délégation, les conseillers municipaux titulaires d'une délégation en matière électorale. Ne peuvent être nommés les délégués du préfet ou du président du tribunal judiciaire : les conseillers municipaux et les agents municipaux de la commune, de l'établissement

---
[47] Art. L19 et R7

public de coopération intercommunale ou des communes membres.

Composition de la commission communes de moins de 1 000 habitants : un conseiller municipal (pris dans l'ordre du tableau parmi les membres prêts à participer aux travaux de la commission ou à défaut, le plus jeune conseiller municipal), **un délégué de l'administration** désigné par le représentant de l'État dans le département (le préfet ne peut pas désigner un conseiller municipal ou un agent municipal de la commune, de l'établissement de coopération intercommunale ou des communes membres de ce dernier. Il choisit, en priorité, des agents de préfecture, sous-préfecture, service déconcentré de l'État, ou des fonctionnaires de l'Education nationale ou des fonctionnaires retraités de l'État. À défaut, il choisit un membre des organismes consulaires (chambre de commerce et d'industrie, chambre d'agriculture…). À ce titre, il a la possibilité de diffuser des appels à candidatures auprès des agents concernés). Le délégué de l'administration n'est pas nécessairement choisi parmi les électeurs de la commune ou du département. **Un délégué** désigné par le **président du tribunal judiciaire** (sur sollicitation du préfet, le président du tribunal judiciaire lui communique par écrit la personne qu'il aura précédemment désignée pour être membre de la commission de contrôle.) Il ne peut pas désigner un conseiller municipal ou un agent municipal de la commune, de l'établissement de coopération intercommunale ou des communes membres de ce dernier.

> Lorsqu'une délégation spéciale est nommée en application de l'article L. 2121-36 du code général des collectivités territoriales, le conseiller municipal est remplacé par un membre de la délégation spéciale désigné par le représentant de l'État dans le département.

Composition de la commission communes de plus de 1 000 habitants :

Cinq membres pris parmi les conseillers municipaux **prêts à participer** aux travaux de la commission

- ✓ **Si trois listes (celles élues au CM) ou plus sont présentes au sein du conseil municipal :** trois conseillers municipaux appartenant à la liste ayant obtenu le plus grand nombre de sièges, deux conseillers municipaux appartenant respectivement à la

2ème et à la 3ème liste en nombre de sièges. En cas d'égalité en nombre de sièges entre plusieurs listes, l'ordre de priorité est déterminé par la moyenne d'âge la plus élevée des conseillers municipaux élus de chaque liste.

> Les listes arrivant en 4ème position ou plus ne sont pas représentées au sein de la commission, même si la 2ème et/ou la 3ème liste ne propose(nt) pas de volontaires.

✓ **Si deux listes sont présentes au sein du conseil municipal :** trois conseillers municipaux appartenant à la liste ayant obtenu le plus grand nombre de sièges, deux conseillers municipaux appartenant à la liste étant arrivée en seconde position

✓ **Cas des communes avec une seule liste ou dans le cas d'impossibilité de composer une commission selon les règles précédentes :** la commission est composée selon les règles régissant la composition de la commission de contrôle dans les communes de – de 1.000 habitants :

> **Cas des communes de + 1000h gérées par une délégation spéciale** : il convient de nommer une nouvelle commission de contrôle selon les mêmes modalités que pour les -1000h, le conseiller municipal étant remplacé par un membre de la délégation spéciale. Le président de la délégation spéciale, remplaçant le maire, ne peut être membre de la commission de contrôle.

Nomination des membres de la commission de contrôle

Les conseillers municipaux :

Le Maire interroge les conseillers municipaux, selon les modalités qu'il définit, sur leur volonté de participer aux travaux de la commission de contrôle.

Il peut, par exemple, les consulter lors d'une séance du conseil municipal. Puis il transmet au préfet, sur sa demande, la liste des conseillers municipaux, pris dans l'ordre du tableau, prêts à participer aux travaux de la commission de contrôle. Aucune forme n'est exigée pour la transmission (courrier, délibération du conseil municipal, etc.)

Quelle que soit la taille de la commune, les membres de la commission de contrôle sont nommés par arrêté du préfet pour une durée de 3 ans, ainsi qu'après chaque renouvellement intégral du conseil municipal.

Missions de la commission de contrôle
Elle a pour compétences de s'assurer a posteriori de la régularité de la liste électorale et elle peut réformer les décisions du maire et inscrire ou radier des électeurs et de statuer sur les Recours Administratifs Préalables Obligatoires (RAPO) : elle statue sur les recours administratifs préalables formés par les électeurs intéressés contre les décisions de refus d'inscription ou de radiation prises par le Maire *(hors décisions prises en vertu de l'article L30 entre le 6ème vendredi et le scrutin qui peuvent faire l'objet d'un recours direct devant le tribunal judiciaire).*

Le Maire, à sa demande, ou à l'invitation de la commission, présente ses observations.

Le Recours contentieux devant le Tribunal judiciaire

Ce recours suppose l'existence d'un recours administratif préalable obligatoire devant la commission de contrôle (RAPO).

- Qui peut agir ?
La personne intéressée par la décision de refus d'inscription ou de radiation,

- Délai pour agir ?
Le recours est formé dans un délai de sept jours à compter de la notification de la décision de la

commission de contrôle ou de la décision implicite de rejet du RAPO.

- Forme du recours

Le recours prend la forme d'une déclaration orale ou écrite auprès du greffe du tribunal judiciaire. La déclaration indique les nom, prénom, adresse du requérant, ainsi que l'objet du recours. Le requérant doit joindre la copie du recours administratif préalable formé auprès de la commission de contrôle, la copie de l'accusé de réception postal ou électronique du RAPO, et, le cas échéant, la copie de la décision rendue par la commission de contrôle dans le cadre du RAPO.

Procédure

Le tribunal judiciaire se prononce en dernier ressort dans un délai de huit jours à compter du recours.

Sa décision est notifiée dans un délai de deux jours par le greffe aux parties et au maire par lettre recommandée avec avis de réception, et à l'Insee par voie dématérialisée (L20 I et R19).

La décision du tribunal judiciaire n'est pas susceptible d'appel.

Pourvoi en cassation[48]

La décision du juge judiciaire n'est pas susceptible d'appel mais peut faire l'objet d'un pourvoi en

---

[48] Art R19-1 et s. du code électoral

cassation dans les dix jours à compter de la notification de la décision du tribunal judiciaire. Le pourvoi en cassation n'est pas suspensif. Les électeurs radiés ne peuvent invoquer le dépôt d'un pourvoi en cassation pour participer à un scrutin.

Le pourvoi en cassation est formé par déclaration orale ou écrite que l'électeur ou son mandataire muni d'un pouvoir adresse par courrier recommandé au greffe du tribunal judiciaire qui a rendu la décision attaquée ou au greffe de la Cour de cassation (R19-2). La déclaration indique les nom, prénom, adresse du demandeur au pourvoi. Elle doit impérativement contenir un énoncé des moyens de cassation invoqués et être accompagnée d'une copie de la décision attaquée sous peine d'irrecevabilité prononcée d'office. L'électeur est dispensé du ministère d'un avocat.

Les recours ouverts aux tiers
- Qui peut agir ?
Aux termes de l'article L20-1, tout électeur inscrit sur la liste électorale de la commune peut demander, auprès du tribunal judiciaire, l'inscription d'un électeur omis, la radiation d'un électeur indûment inscrit ou contester la décision de radiation ou

d'inscription d'un électeur. Le préfet dispose du même droit.

- Délai pour agir ?

Le recours est formé dans un délai de sept jours à compter de la notification de la publication de la liste électorale (tableau des inscriptions et radiations R13).

- Forme du recours

Le recours prend la forme d'une déclaration orale ou écrite auprès du greffe du tribunal judiciaire.

La déclaration indique les nom, prénom, adresse du requérant, ainsi que l'objet du recours (R17),

Elle indique également les nom, prénom, adresse de l'électeur concerné.

Procédure

Le tribunal judiciaire se prononce en dernier ressort dans un délai de huit jours à compter du recours. Sa décision est notifiée dans un délai de deux jours par le greffe aux parties et au maire par lettre recommandée avec avis de réception, et à l'Insee par voie dématérialisée[49]. La décision du tribunal judiciaire n'est pas susceptible d'appel.

Pourvoi en cassation (idem recours ouvert à tout électeur contre la décision le concernant de refus d'inscription ou de radiation).

---

[49] Art. L20-1 et R19 du code électoral

Les recours ouverts à toute personne qui prétend avoir été omise de la liste électorale de la commune en raison : d'une erreur purement matérielle ou d'une radiation par le maire en méconnaissance de la procédure contradictoire de l'article L18.

Qui peut agir ?

Ce recours peut être déposé par toute personne intéressée jusqu'au jour du scrutin mais seulement dans des cas énumérés par la loi : s'il a été omis de la liste électorale en raison d'une erreur purement matérielle (ex : radiation d'office erronée...) ou s'il a été radié par le maire en méconnaissance de l'article L18 (non-respect de la procédure contradictoire, non-respect des délais par le maire, radiation pour une cause que celle prévue par la loi...).

- Délai pour agir ?

Le recours est ouvert jusqu'au jour du scrutin.

- Forme du recours

Le recours prend la forme d'une déclaration orale ou écrite auprès du greffe du tribunal judiciaire. La déclaration indique les nom, prénom, adresse du requérant, ainsi que l'objet du recours, et le jugement est rendu au plus tard le jour du scrutin, il est immédiatement notifié à l'intéressé, au maire et à l'Insee.

> Ce recours ne doit pas être un moyen pour les électeurs négligents de détourner les règles de délai d'inscription imposés par la loi.

Pourvoi en cassation (idem recours ouvert à tout électeur contre la décision le concernant de refus d'inscription ou de radiation).

2.3.3 Le contentieux en matière électorale : le scrutin

La faculté de contester une élection devant le juge administratif est largement ouverte, mais très encadrée dans le temps.

Un contentieux ouvert à tout électeur. La faculté de contester une élection appartient :
- Aux électeurs de la circonscription.
- Aux candidats.
- Au préfet.

Mais également :
- Pour les élections municipales : à toute personne éligible.
- Pour les élections européennes : au ministre de l'Intérieur.

- La commission nationale des comptes de campagne et des financements lorsqu'elle a rejeté le compte d'un candidat.

Les requérants ont le droit de contester les opérations électorales devant le juge du fait :
- D'irrégularités de forme qui entachent le scrutin.
- De manœuvres qui en violent la sincérité.
- D'incapacité ou d'inéligibilité des candidats proclamés.

Les tribunaux administratifs contrôlent notamment
- La validité des candidatures et la composition des listes de candidats.
- Les conditions dans lesquelles la campagne s'est déroulée.
- La régularité des opérations de vote et de dépouillement.
- L'application des règles de financement des campagnes.

Dans quel délai ?

Les délais sont très brefs :
- Élections européennes, régionales et à l'assemblée de Corse (L361 et L381) : **dix jours.**

- Élections municipales, départementales (R113 et R119) : **le délai expire à 18 heures le cinquième jour qui suit l'élection.** Pour le calcul du délai, il n'est tenu ni compte du jour de proclamation du résultat, ni du jour d'échéance.

> Le Conseil d'État a confirmé que la date de réception et non d'expédition est prise en compte, même si la demande a été postée avant l'expiration du délai de recours.
>
> Compte-tenu de la brièveté de ces délais, le Conseil d'État reconnaît la possibilité d'adresser le recours à la préfecture par courrier électronique, sous réserve de confirmation par courrier adressé au tribunal administratif.

Plusieurs voies sont possibles pour saisir le tribunal administratif :
- Les réclamations peuvent être insérées, dès le jour de l'élection, dans le procès-verbal de l'élection qui sera transmis par le préfet au greffe du tribunal administratif.
- À défaut d'insertion ou d'annexion au procès-verbal, elles peuvent être déposées soit à la sous-préfecture, soit à la préfecture, au plus tard à 18 heures le dernier jour du délai.

Elles sont alors immédiatement transmises au préfet qui les fait enregistrer au greffe du tribunal administratif.

Il est enfin possible, dans le même délai, de déposer sa réclamation directement au greffe du tribunal administratif.

Le recours doit obligatoirement comporter les éléments suivants :
- Nom, prénom, adresse et signature du requérant.
- Désignation de l'élection concernée.
- Description des irrégularités constatées.
- Demande précise et sans ambiguïté concernant l'issue de la procédure : proclamation d'un autre candidat ou annulation de l'élection.

Il est extrêmement important que la demande soit formulée de façon parfaitement claire, au risque que le recours soit considéré comme irrecevable.

2.3.4 Les contentieux spécifiques : campagne électorale, financement vie politique

La campagne électorale et les supports de propagande

La propagande électorale est régie par les articles L47 à L52-3 du code électoral. C'est durant la campagne électorale que les moyens de propagande sont le plus souvent réglementés. De plus, en vertu de l'article 5-1 de la loi n°2002 -214 du 19 février 2002 les sondages sont réglementés, « la veille de chaque tour de scrutin ainsi que le jour de celui-ci, sont interdits, par quelque moyen que ce soit, la publication, la diffusion et le commentaire de tout sondage (...) ». En ce qui concerne la propagande, le juge de l'élection contrôle le respect de la législation mais également l'égalité entre candidats et la sincérité du scrutin.

On retrouve quatre types d'interdiction : celle relative à la communication par voie électronique de tout message, celle concernant les agents municipaux, celle des procédés de publicité commerciale et la promotion publicitaire de la gestion de la collectivité.

L'article 49 dispose que la distribution, le jour du scrutin, de bulletins, circulaires ou documents et la diffusion, à partir de la veille du scrutin à minuit, par tout moyen de communication par voie électronique de tout message à caractère de propagande électorale est prohibée.

La violation de cette interdiction pourra aboutir à l'annulation du scrutin.

L'article 50 interdit à tout agent de l'autorité publique ou municipale de distribuer des bulletins de vote, professions de foi et circulaire des candidats et ce en raison de l'obligation de neutralité qui pèse sur les agents publics.

L'article 50-1 indique qu'aucun numéro d'appel téléphonique ou télématique gratuit ne peut être porté à la connaissance du public par un candidat, une liste de candidats ou à leur profit.

Mais il a, par exemple, été jugé que l'indication sur le site de campagne d'une candidate de la possibilité de dialoguer en direct avec cette dernière par le procédé de Skype ne saurait constituer l'indication d'un numéro d'appel gratuit prohibé par l'article.

L'article L 52-1 al. 1er prohibe l'utilisation à des fins de propagande électorale de tout procédé de publicité commerciale par la voie de la presse ou par tout moyen de communication audiovisuelle. Ainsi est interdite la diffusion d'un message de propagande ayant un support publicitaire même gratuit.

Il a été jugé que le référencement commercial d'un site électoral sur Google revêt le caractère d'un procédé de publicité commerciale interdit par l'article susvisé.

L'article L52-1 al. 2 prohibe toute campagne de promotion publicitaire des réalisations ou de la gestion d'une collectivité sur le territoire des collectivités intéressées par le scrutin.

Communication des collectivités territoriales (élections locales)

Aucune disposition ne contraint les collectivités territoriales à cesser leurs actions de communication à l'approche des élections (à compter du 1er jour du 6ème mois précédant l'élection).

Néanmoins, la communication des collectivités ne doit pas être constitutive d'une propagande électorale en faveur des listes (art. L. 52-1).

Publications institutionnelles (bulletins communaux)

Toute publication institutionnelle doit avoir un caractère neutre et informatif et être consacrée à des projets ou à des manifestations intéressant la vie locale.

Ce document doit présenter un contenu habituel et revêtir une présentation semblable (texte et photographies éventuelles) aux précédentes éditions.

La présentation des réalisations ou de la gestion de la collectivité ne doit pas constituer une campagne de promotion publicitaire en faveur d'un candidat (art. L. 52-1).

Les propos tenus dans l'espace réservé aux conseillers municipaux, y compris ceux n'appartenant pas à la majorité municipale, prévu par les articles L. 2121-27-1, L. 3121-24-1 et L. 4132-23-1 du CGCT, ne doivent pas non plus répondre à des fins de propagande électorale.

Organisation d'évènements

Tout évènement organisé dans la commune, telles des inaugurations ou encore des fêtes locales doit également avoir un contenu neutre sans qu'il soit fait référence à l'élection à venir ou à la présentation des projets qu'il est envisagé de mener après l'élection.

Ces dispositions concernent notamment les discours qui pourraient être prononcés à cette occasion, les documents remis aux participants ainsi que les films présentés.

Enfin, l'évènement ne doit pas avoir lieu spécialement à l'approche des élections mais doit être organisé conformément à une périodicité habituelle et dans des conditions identiques à une manifestation équivalente.

Il convient ainsi de ne pas anticiper ni retarder l'organisation d'événements à l'approche des élections.

Sites internet des collectivités territoriales

Les sites internet des collectivités territoriales sont soumis aux mêmes règles que les supports traditionnels de communication.

Ils sont tenus de respecter le principe de neutralité des moyens publics et n'ont donc pas vocation à participer directement ni indirectement à la campagne électorale des candidats ou des listes.

Les publications effectuées sur le site internet des collectivités locales doivent revêtir un caractère neutre et informatif et être consacrées à des projets ou à des manifestations intéressant la vie locale.

Sanctions et réintégration des dépenses afférentes au compte de campagne de la liste de candidats

L'utilisation des publications institutionnelles de la collectivité territoriale, de son site internet ou d'événements organisés par cette dernière pour les besoins de la campagne électorale d'un candidat ou d'une liste **est assimilable à un financement par une personne morale**, prohibé par le deuxième alinéa de l'article L. 52-8.

Les infractions à cet article sont passibles d'une amende de 45 000 euros et d'un emprisonnement de trois ans (art. L. 113-1).

Dans ce cas, la Commission nationale des comptes de campagne et des financements politiques (CNCCFP) pourra en outre **intégrer les dépenses liées au site internet de la collectivité, à ses** publications institutionnelles ou à l'organisation d'événements au compte de campagne du candidat tête de liste, voire rejeter ce compte si cela conduit à dépasser les plafonds autorisés.

Le juge de l'élection, saisi par la CNCCFP, pourra déclarer **inéligible pour une durée maximale de trois ans** le candidat tête de liste dont le compte de campagne a été rejeté à bon droit (art. LO. 118-3).

Un lien établi à partir d'un site internet institutionnel vers le site d'un candidat ou d'une liste pourrait également être assimilé à un avantage en nature de la part d'une personne morale, prohibé par les dispositions susmentionnées.

Le contrôle des comptes de campagne
Les obligations du candidat :
- Désigner un mandataire (personne physique ou association de financement) et le déclarer en préfecture dès le début de la campagne électorale.
- Ne pas dépasser le plafond des dépenses applicable à l'élection en cause.
- Faire présenter son compte par un expert-comptable, sauf si aucune dépense et recette n'a été engagée et s'il n'a perçu aucun don.

Cette présentation n'est pas obligatoire lorsque le candidat a obtenu moins de 5 % des suffrages **et a** engagé moins de 4 000 euros de dépenses et de recettes.

- Déposer à la commission un compte en équilibre ou, éventuellement, en excédent, si le candidat a obtenu plus de 1 % des suffrages exprimés ou s'il a bénéficié de dons de personnes physiques.
- Fournir toutes les pièces justificatives de dépenses et de recettes.

Les obligations du mandataire :
- Ouvrir un compte de dépôt unique.
- Encaisser les fonds destinés à la campagne et régler les dépenses.
- Délivrer un reçu-don aux donateurs, etc.

Les décisions de la Commission :
- Approuver le compte de campagne.
- Approuver après réformation le compte, notamment lorsque des dépenses engagées par le candidat ne présentent pas de caractère électoral.

- Rejeter le compte en cas de violation d'une formalité substantielle ou de constatation d'une irrégularité particulièrement grave.
- Moduler le montant du remboursement forfaitaire de l'État lorsque la commission relève des irrégularités qui n'entraînent pas le rejet du compte de campagne.
- Constater l'absence de dépôt dans le délai légal d'un compte de campagne.

Les recours
- Possibilité pour le candidat contestant le montant de remboursement arrêté par la Commission de former un recours gracieux devant la Commission.
- Possibilité pour le candidat contestant le montant du remboursement arrêté par la Commission de former un recours de plein contentieux devant le tribunal administratif de **Paris.**

En cas de décisions de rejet, de constat d'absence de dépôt et de dépôt hors-délai, il n'y a pas de recours possible pour le candidat dans la mesure où la Commission saisit automatiquement le juge de l'élection qui se prononcera sur l'inéligibilité du candidat.

DISPOSITIONS PENALES

Toute personne qui, dans un bureau de vote ou dans les bureaux des mairies, des hauts commissariats, des préfectures ou des sous-préfectures, avant, pendant ou après un scrutin, aura :

Par inobservation volontaire de la Loi ou des arrêtés du représentant de l'État, ou par tout acte frauduleux :

- Violé ou tenté de violer le secret du vote.
- Porté atteinte ou tenté de porter atteinte à sa sincérité.
- Empêché ou tenté d'empêcher les opérations du scrutin.
- Ou qui en aura changé ou tenté de changer le résultat.

Sera puni d'une amende de 15.000 euros et d'un emprisonnement d'un an ou de l'une de ces deux peines seulement.

Si le coupable est fonctionnaire de l'ordre administratif ou judiciaire, agent ou préposé

du Gouvernement ou d'une administration publique ou chargé d'un ministère de service public ou président d'un bureau de vote, la peine sera portée au double.

> La préparation et la gestion du jour du scrutin, ainsi que la capacité à répondre aux contentieux, sont des aspects fondamentaux de toute campagne électorale. Une organisation impeccable garantit la légitimité du processus et renforce la confiance des électeurs. Les candidats et leurs équipes doivent être formés pour anticiper et gérer les éventuelles irrégularités dans un cadre légal, en assurant transparence et équité.

Conquérir ou conserver la mairie : stratégie pour gagner les élections municipales

Chapitre 3 : savoir utiliser la propagande électorale

Chapitre 3 : savoir utiliser la propagande électorale

La propagande électorale est un outil essentiel pour informer les électeurs sur les programmes et les candidats, tout en garantissant un traitement équitable entre les listes ou les candidats en lice. Ce chapitre explore les différents aspects de la propagande officielle et les interdictions strictes à respecter pour éviter tout contentieux ou annulation du scrutin. Une utilisation maîtrisée de ces règles est un gage de crédibilité et de respect des principes démocratiques.

> La campagne officielle est ouverte pour le premier tour du scrutin à partir du 2e lundi précédant l'élection jusqu'à la veille du scrutin soit le vendredi à 23h59.
>
> En cas de deuxième tour la campagne électorale est ouverte à partir du lundi suivant le premier tour de scrutin jusqu'au vendredi à 23h59 précédant le second tour.
>
> Les réunions électorales restent donc possibles jusqu'au vendredi à 23h59 précédant le scrutin.

3.1 Propagande officielle

> *Communes de moins de 1 000 habitants :*
> Aucune disposition ne prévoit l'acheminement des documents officiels dans les communes de moins de 1 000 habitants. Les frais d'impression et d'acheminement de ces documents sont donc à la charge des candidats ou des listes et ne font l'objet d'aucun remboursement.

3.1.1 Commission de propagande

La commission de propagande est une instance administrative qui supervise la distribution des documents électoraux.

- **Rôle :**
    - Vérifier la conformité des documents de campagne avec la réglementation (format, contenu, mentions obligatoires).
    - Organiser l'envoi des professions de foi et des bulletins de vote aux électeurs.

Pour bénéficier des services de cette commission, les candidats ou listes concernées doivent transmettre une liste détaillée au président de la commission. Cette liste doit inclure les informations suivantes : nom, prénoms, date et lieu de naissance, domicile, profession, signature des candidats, et, le cas échéant, le titre de la liste (art. R. 125 du Code électoral).

Mise en place au début de la campagne officielle, la Commission de propagande est responsable de la diffusion des documents officiels.

- **Composition** :
    - Présidée par un magistrat.
    - Inclut des fonctionnaires et des représentants désignés par le préfet.
- **Délais** : Les supports de communication pour la campagne officielle, incluant les professions de foi, affiches officielles et bulletins de vote, doivent être remis à la Commission de propagande via la préfecture dans les communes de 2 500 habitants ou plus.

Les candidats souhaitant son assistance doivent déposer l'ensemble de leurs documents avant la date limite fixée par un arrêté préfectoral pour chaque tour de scrutin. Les dépôts tardifs entraîneront un refus de prise en charge par la commission de la distribution.

3.1.2 Affiches électorales

Les affiches sont un support clé de communication visuelle, mais leur usage est strictement réglementé :

- **Emplacements réservés** :
    - Les municipalités mettent à disposition des panneaux spécifiques pour chaque candidat ou liste.
    - L'affichage en dehors de ces emplacements est interdit et peut entraîner des amendes.

L'article R.28 du Code électoral stipule que, pour les élections nécessitant une déclaration obligatoire, les emplacements sont attribués par tirage au sort organisé par l'autorité recevant les candidatures. Si un second tour est nécessaire, l'ordre établi pour le premier tour est conservé entre les candidats en lice. Dans les autres cas, les demandes doivent être déposées en mairie avant le mercredi précédant chaque tour à midi, et les emplacements sont attribués selon l'ordre de réception.

Depuis la loi n° 2013-403 du 17 mai 2013, qui rend la déclaration obligatoire même dans les communes de moins de 1 000 habitants, le tirage au sort est généralement appliqué sauf disposition contraire d'un nouveau décret.

- **Caractéristiques** :
  - **Quantité et format :** Deux affiches de format 594 x 841 mm et deux affiches A3 (297 x 420 mm) pour chaque tour, destinées à annoncer les réunions électorales.
  - **Contenu :** Les affiches ne doivent pas inclure un fond blanc ni combiner les trois couleurs bleu, blanc et rouge, sauf pour reproduire l'emblème d'un parti ou d'un groupement politique (décret 2006-1244).

  Très souvent elles mettent en avant la tête de liste ainsi que le slogan. La photo utilisée doit être la même sur l'ensemble des documents. Il faut y apparaître de façon sincère et naturelle. La photo récente doit ressembler au candidat. Certains feront le choix d'un fonds prenant un lieu symbolique de la commune ou du territoire. Les affiches, visibles de loin, ne doivent pas être chargées.

- ○ **Contenu conforme** : interdiction d'attaques personnelles, de propos diffamatoires ou de propagande commerciale.
- ○ **Mentions obligatoires** : Le nom et le numéro Siret de l'imprimeur doivent figurer sur les affiches.

- **Période d'affichage** : L'interdiction d'apposer des affiches après le jeudi précédant le premier tour et le vendredi précédant le second tour a été supprimée par le décret 2006 244 du 11 octobre 2006. Désormais, cette interdiction ne s'applique qu'au jour du scrutin. Il faut prendre soin du visuel de son affiche. Un certain nombre d'électeurs se détermine au dernier moment en voyant les affiches devant le bureau de vote.

Il faut s'assurer, par l'intermédiaire de l'équipe d'affichage que les affiches sont bien présentes devant le bureau de vote.

3.1.3 Professions de foi

La profession de foi est un document essentiel pour présenter le programme et les engagements du candidat. Les candidats peuvent faire envoyer une circulaire par la Commission de propagande avant chaque tour de scrutin.

- **Structure** :
    - Présentation claire des objectifs et des priorités.
    - Ton positif et constructif pour convaincre les électeurs.
- **Format et contenu** :
Feuillet A4 (210 x 297 mm), impression recto verso autorisée, sur papier de grammage compris entre 60 et 80 grammes.

L'utilisation des couleurs bleu, blanc et rouge est interdite, sauf pour reproduire l'emblème d'un parti ou d'un groupement politique.

Mention obligatoire : Le nom et l'adresse de l'imprimeur doivent être inclus. En l'absence de cette mention, la Commission de propagande peut refuser le document.

Distribution : Ces documents sont envoyés à tous les électeurs par voie postale, garantissant une large diffusion.

Pour les élections nationales, les professions de foi sont aussi dématérialisées et consultables sur un site dédié. Il est fort probable qu'à terme ceci se fera aussi pour les élections locales.

3.1.4 Bulletins de vote

Chaque liste de candidats peut faire imprimer, pour chaque tour de scrutin, un nombre de bulletins de vote égal au double des électeurs inscrits, plus 10 %. Le bulletin de vote validé par la Commission de propagande doit être identique à celui déposé dans les bureaux de vote.

- **Format et contenu** :

105 x 148 mm pour les bulletins comportant 1 ou 2 noms.

148 x 210 mm pour les bulletins comportant de 3 à 31 noms.

210 x 297 mm pour les bulletins comportant plus de 31 noms.

Il s'agit de dimensions obligatoires : le bulletin ne peut plus être de taille inférieure.

Le grammage du papier doit être compris entre 60 et 80 grammes. Depuis 2007, un nouveau paramètre entre en compte : pour être remboursables, bulletins de vote **et professions** de foi doivent être réalisés sur un papier de qualité écologique[50]. Il faut donc utiliser : soit un papier contenant au moins 50 % de fibres

---

[50] Décret n° 2007-76 du 23 janvier 2007 relatif à l'utilisation de papier de qualité écologique pour les documents électoraux, « J.O. » du 24 janvier 2007, page 1338

recyclées, au sens de la norme ISO 14021 ou équivalent, soit un papier bénéficiant d'une certification internationale de gestion durable desforêts, délivrée par les systèmes FSC, PEFC ou équivalent.

Aucun autre nom que celui du candidat tête de liste et des colistiers ne doit figurer sur le bulletin de vote. **La nationalité** doit être indiquée à côté du nom des candidats ressortissants d'un État membre de l'Union européenne autre que la France. **Peuvent figurer sur les bulletins de vote :** un emblème, des photographies, les qualités ou titres du candidat, la mention « République française », la date du scrutin…

3.2 Les moyens de propagande interdits ou limités

Outre les règles sur la propagande officielle, les candidats et leurs équipes doivent se conformer à des restrictions strictes, en particulier à l'approche du scrutin.

> Sont interdits pendant les 6 mois précédant l'élection : l'affichage, l'utilisation à des fins électorales de tout procédé de publicité commerciale par la voie de la presse ou par tout moyen de communication audiovisuelle, la mise à disposition du public d'un numéro d'appel téléphonique ou télématique gratuit

3.2.1 Restrictions avant le scrutin

La période précédant immédiatement le vote est soumise à des limitations importantes :
- **Interdiction de la campagne officielle** :
La veille et le jour du scrutin, toute campagne publique est interdite. Cela inclut les réunions publiques, la distribution de tracts, et la diffusion de messages électoraux dans les médias.
- **Silence médiatique** :
Les médias audiovisuels ne peuvent pas diffuser de contenu lié à la campagne pendant cette période.

- **Affichage sauvage** :
Tout affichage en dehors des emplacements autorisés est prohibé, sous peine de sanctions.

3.2.2 Interdictions spécifiques

Certaines pratiques sont interdites à tout moment de la campagne pour préserver l'équité et la transparence :

- **Propagande déguisée** :

Utilisation de moyens détournés pour promouvoir un candidat sans respecter les règles (exemple : distribution d'objets promotionnels).

- **Utilisation des moyens publics** :

Les élus en fonction ne peuvent utiliser les ressources publiques (véhicules, locaux, personnel) à des fins de campagne.

Toute infraction peut entraîner une inéligibilité ou des sanctions pénales.

- **Tenue de propos diffamatoires ou discriminatoires** :

Toute déclaration portant atteinte à l'honneur ou basée sur des critères discriminatoires est prohibée.

- **Achat de votes :**
Offrir de l'argent ou des avantages en échange de voix est une infraction pénale passible de lourdes sanctions.

3.2.3 Sanctions en cas de manquement

Les infractions aux règles de propagande électorale peuvent avoir des conséquences graves :

- **Annulation de l'élection :**
Prononcée par le juge en cas d'irrégularités majeures ayant affecté la sincérité du scrutin.

- **Amendes :**
Les violations des règles d'affichage ou de financement peuvent entraîner des pénalités financières.

- **Inéligibilité :**
Les candidats reconnus coupables de fraude ou de manquement grave peuvent être déclarés inéligibles pour plusieurs années.

La propagande électorale est un outil puissant pour mobiliser les électeurs, mais elle doit être utilisée dans le strict respect des règles en vigueur. Une maîtrise des règles officielles et des interdictions permet de conduire une campagne efficace et conforme aux principes démocratiques. En évitant les infractions et les sanctions, les candidats renforcent leur légitimité et la confiance des électeurs dans le processus électoral

Conquérir ou conserver la mairie : stratégie pour gagner les élections municipales

Chapitre 4 : gérer le financement de la campagne

Chapitre 4 : gérer le financement de la campagne

Une campagne électorale a un coût il est nécessaire d'avoir les fonds pour pouvoir se présenter. Les colistiers doivent, suivant leurs moyens, contribuer au financement de la campagne. Vos amis peuvent aussi participer au financement. Les règles de financement des campagnes électorales municipales diffèrent selon la taille de la commune. Dans les communes de moins de 9 000 habitants, les candidats n'ont pas d'obligation et aucun remboursement public n'est prévu. Dans les communes de plus de 9 000 habitants, les candidats doivent respecter un certain nombre d'obligations. N'hésitez pas à faire appel aux dons même par l'intermédiaire d'un document ou d'une lettre spécifique.

4.1 Communes de plus de 1 000 habitants

Le cas particulier des dépenses de propagande
Les dépenses de propagande (affiches pour l'affichage électoral, circulaires et bulletins de vote) sont remboursées par les préfectures aux listes ayant

obtenu au moins 5% des suffrages exprimés par tour dans **les communes de 1000 habitants et plus**. Pour obtenir un remboursement, les listes doivent respecter un certain nombre de conditions[51] (qualité du papier, etc.)[52]. Les sommes remboursées sont établies en fonction de tarifs d'impression et d'affichage fixés par arrêté.

Dans les communes de moins de 2500 habitants, il n'y a pas de commission de propagande. Les listes candidates peuvent adresser le matériel électoral aux électeurs, mais elles doivent en assurer la distribution par leurs propres moyens et les frais d'envoi ne peuvent pas faire l'objet d'un remboursement.

Dépenses de propagande

Les dispositions de l'article R 39	Les conditions strictes de remboursement	Les modalités de remboursement
-Remboursement des dépenses d'impression et d'affichage -Affiches, circulaires, bulletins de vote	-Format des affiches -Grammage du papier Nombre de bulletins de vote	-Dépenses distinctes du compte de campagne -Justificatifs à fournir

---

[51] Art. R. 39 du code électoral
[52] Voir annexe 1

4.2 Communes de moins de 9 000 habitants

Dans les communes de moins de 9 000 habitants, les candidats n'ont pas d'obligation si ce n'est l'interdiction de recevoir des dons de personnes morales. En contrepartie, aucun remboursement public n'est prévu à leur endroit.

4.3 Communes de plus de 9 000 habitants

Dans les communes comptant plus de 9 000 habitants selon l'Insee, les candidats aux élections municipales doivent se conformer aux règles établies par la loi du 19 janvier 1995 relative au financement de la vie politique pour financer leur campagne. Ces règles incluent notamment un plafonnement des dépenses, la désignation obligatoire d'un mandataire financier et le dépôt d'un compte de campagne auprès de la Commission nationale des comptes de campagne et des financements politiques (CNCCFP).

4.3.1 Sources de financement et limites

Les financements des campagnes électorales proviennent de personnes physiques ou morales, avec des restrictions précises :
- Une personne physique ne peut contribuer à la campagne d'un ou plusieurs candidats pour un montant total dépassant 4 600 euros par élection.
- Depuis la loi du 15 septembre 2017, seuls les citoyens français ou résidant en France peuvent faire des dons à un candidat.
- Les dons en espèces sont limités à 150 euros par don et ne doivent pas dépasser 20 % des dépenses autorisées si celles-ci atteignent ou excèdent 15 000 euros.
- Les partis ou groupements politiques sont les seules personnes morales autorisées à contribuer financièrement aux campagnes. Les entreprises, associations ou entités publiques en sont exclues.

4.3.2 Dépenses et contrôle des comptes de campagne

Les dépenses électorales couvrent les actions menées en vue de l'élection au cours des six mois précédant le scrutin.

Le candidat doit désigner un mandataire financier, qui collecte les fonds et engage les dépenses de campagne. Les plafonds des dépenses sont établis en fonction du nombre d'habitants de la commune et augmentés pour les listes présentes au second tour.

Le mandataire financier peut être soit une personne physique, soit une association de financement électoral.

4.3.3 Dépôt et examen des comptes

Après l'élection, les candidats doivent soumettre à la CNCCFP un compte de campagne équilibré ou excédentaire. Les listes ayant recueilli moins de 1 % des voix et n'ayant reçu aucun don sont dispensées de cette obligation.

Le compte, vérifié par un expert-comptable, doit inclure toutes les recettes et dépenses avec leurs justificatifs.

4.3.4 Sanctions et remboursement

La CNCCFP examine les comptes et peut les approuver, les réformer ou les rejeter. Les irrégularités peuvent entraîner une réduction du remboursement forfaitaire de l'État, accordé aux candidats ayant obtenu au moins 5 % des suffrages exprimés. Ce remboursement est plafonné à 47,5 % des dépenses autorisées.

En cas de manquement aux règles de financement, les sanctions incluent l'annulation de l'élection, des peines d'emprisonnement pouvant aller jusqu'à 10 ans, des amendes jusqu'à 150 000 euros, et une radiation des listes électorales pendant 5 ans en cas de détournement de fonds publics.

4.4 Combien coûte une campagne ?

4.4.1 Le remboursement des dépenses de campagne municipale

Le mécanisme de prise en charge des frais de campagne municipale est précisé à l'article L.52-11 du Code électoral. Ce système, basé sur des plafonds proportionnels au nombre d'habitants de la commune, permet de calculer le remboursement potentiel des dépenses électorales. Chaque tranche démographique est associée à un montant spécifique par habitant, auquel s'applique un coefficient de 1,23 depuis 2009.

- **Première tranche (jusqu'à 15 000 habitants)** : 1,22 € par habitant pour le premier tour.
- **Deuxième tranche (15 001 à 30 000 habitants)** : 1,07 € par habitant.

Par exemple, dans une commune de 20 000 habitants, le montant maximal remboursable est calculé ainsi : (15000×1,22+5000×1,07) × 1,23=29 098,50€[53]

---

[53] Voir annexes 2 et 3

Cependant, ces règles ne s'appliquent qu'aux communes de plus de 9 000 habitants, ce qui concerne environ 1 000 communes sur les 36 000 que compte la France. Dans les communes de taille inférieure, les candidats doivent prendre en charge eux-mêmes l'intégralité de leurs frais de campagne.

4.4.2 Anticipation des frais de campagne

Pour une gestion efficace de sa campagne, le candidat doit prévoir les dépenses nécessaires et les consigner précisément. La mise en place d'un retro-planning précisant les différents tracts permet de gérer le nombre de documents à imprimer et de ce fait le coût budgétaire. Voici les principales catégories de frais :

Communication et impression :
Ces dépenses incluent la propagande officielle, les supports numériques, les produits promotionnels et les frais d'impression. Elles représentent souvent jusqu'à deux tiers du budget total, car elles sont essentielles pour garantir une visibilité et une reconnaissance auprès des électeurs.

Frais de déplacement et de restauration :
Les dépenses liées aux déplacements et aux repas doivent être documentées avec précision (dates,

factures et justification). Les frais de transport hors de la circonscription ne peuvent être pris en charge.

Embauche de personnel :

Le candidat peut recruter des salariés pour sa campagne, mais ni lui-même ni ses colistiers ou remplaçants ne peuvent percevoir de salaire.

Honoraires de l'expert-comptable :

Conformément à l'article L.52-12 du Code électoral, un expert-comptable inscrit à l'Ordre des experts-comptables doit superviser et présenter le compte de campagne à la CNCCFP. Ce document inclut les annexes, justificatifs de recettes, factures et autres pièces vérifiant les dépenses.

Location et matériel :

Les dépenses pour la location de salles ou l'acquisition de matériel de campagne doivent être anticipées. Les municipalités mettent parfois des salles à disposition gratuitement, mais une attestation certifiant un traitement égal entre les candidats est nécessaire.

4.4.3 La gestion particulière de la propagande

Dans les communes de plus de 1 000 habitants, la propagande représente une part importante des dépenses. Ces frais sont toutefois soumis à une gestion spécifique, garantissant un traitement équitable entre tous les candidats.

> La gestion du financement de la campagne est un aspect complexe mais essentiel pour garantir la crédibilité et la légitimité du candidat. En nommant un mandataire financier compétent, en respectant les règles de recettes et dépenses, et en préparant un compte de campagne rigoureux, les candidats peuvent éviter les sanctions et se concentrer sur leur objectif principal : convaincre les électeurs.

Conquérir ou conserver la mairie : stratégie pour gagner les élections municipales

Partie 2 : communication

Conquérir la mairie : stratégie pour gagner les élections municipales

Chapitre 5 : comprendre sa commune et son positionnement

Chapitre 5 : comprendre sa commune et son positionnement

La communication politique efficace repose sur une compréhension approfondie du territoire, des habitants et des enjeux locaux. Ce chapitre explore les étapes essentielles pour analyser le contexte local et définir un positionnement stratégique, tant pour le candidat que pour son équipe.

5.1 Analyser le contexte local

5.1.1 Outils d'analyse

Il faudra obtenir :

▶ les résultats des élections passées par bureau de vote, qui sont disponibles à la préfecture

▶ les listes électorales : elles se trouvent dans les mairies et préfectures. Les mairies ou préfectures doivent être en mesure de proposer une liste imprimée ou une version numérique. Ces listes sont en accès libre[54]. Toutefois, les méthodes de transmission des

---
[54] Art. L. 28 du code électoral « Les listes électorales sont réunies en un registre et conservées dans les archives de la commune. Tout électeur, tout candidat et tout parti ou groupement politique peut prendre communication et copie de la liste électorale. »

listes électorales varient d'une municipalité à une autre.

Dès janvier, on peut consulter la liste des électeurs qui l'ont rejoint ou qui ont été radiés auprès de la préfecture ou de la sous-préfecture.

➤ Les journaux publiés après chaque élection, et qui donnent les résultats électoraux.

➤ Les statistiques Insee[55] par territoire sont disponibles contre paiement. Celles-ci sont données par commune, arrondissement, unité urbaine et zone d'emploi. Elles sont classées selon les thèmes suivants : territoire, démographie, formation-diplômes, emploi, activité-chômage, activités économiques, logements, revenus-salaires, fiscalité locale. Elles sont illustrées par des tableaux, des cartes et des graphiques.

Elles sont disponibles à l'observatoire régional de chaque région.

Pour une compréhension précise de la commune, plusieurs outils d'analyse peuvent être mobilisés :

---

[55] http:/www.insee.fr

- **Analyse SWOT (Strengths-Forces, Weaknesses-Faiblesses, Opportunities-Opportunités, Threats-Menaces)** : Identifier les forces (atouts locaux), faiblesses (problèmes à résoudre), opportunités (chances de croissance) et menaces (enjeux ou compétitions externes).

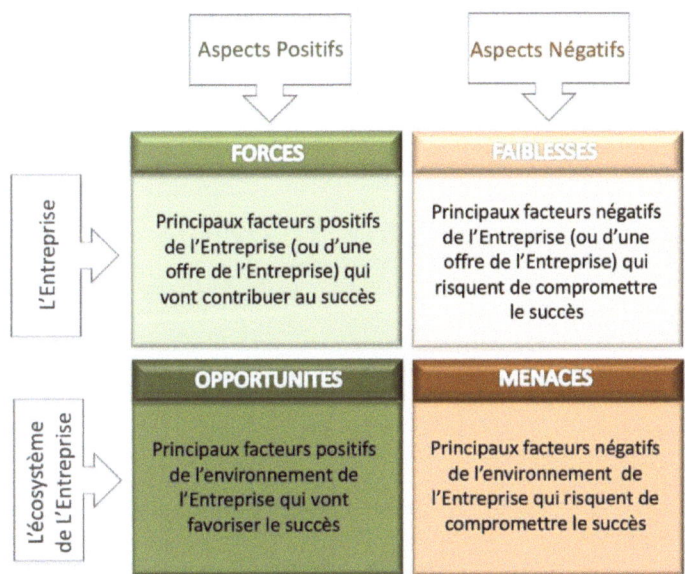

Exemple : Une commune avec un patrimoine culturel riche (force), mais une faible attractivité pour les jeunes actifs (faiblesse). Une opportunité pourrait être le développement du tourisme, et une menace serait la concurrence des communes voisines mieux équipées.

- **Analyse PESTEL (Politique, Économique, Sociologique, Technologique, Environnemental, Légal)** : identifie les influences macro-environnementales qui affectent la commune.

- **Cartographie des parties prenantes** : recense les acteurs locaux clés (associations, entreprises, habitants influents) et leurs intérêts respectifs.

- **Cartographie électorale** : Visualiser la répartition des votes lors des élections précédentes.

    Exemple : Dans une élection précédente, un quartier a voté majoritairement pour un candidat écologiste, indiquant un intérêt fort pour les politiques environnementales.

- **Benchmarking** : Comparer la commune à des collectivités similaires pour dégager des bonnes pratiques.

    Exemple : Une ville comparable a récemment mis en place une plateforme numérique pour faciliter les démarches administratives, augmentant ainsi la satisfaction des citoyens.

Ces outils fournissent une vision claire des atouts et défis spécifiques à la commune.

5.1.2 Résultats électoraux précédents

L'examen des résultats des élections passées éclaire les politiques locales :

Les données

Objectif : Une analyse efficace des résultats électoraux repose sur l'examen des données issues de chaque bureau de vote.

Voici les éléments à prendre en compte :
- Le nombre d'électeurs inscrits sur les listes
- Le nombre d'abstentions
- Les performances des candidats ou des listes en termes de pourcentages
- Les transferts de voix entre les tours.

Pour mener cette analyse, utiliser comme références les résultats des élections suivantes :
- **Dernières municipales**
- **Dernières cantonales**
- **Dernière présidentielle,**
- **Dernières européennes**
- **Dernières régionales**
- **Dernières législatives**

L'analyse des données

Pour interpréter les résultats, créer quatre types de tableaux synthétiques à l'aide d'un tableur (par exemple, Excel). Ces outils permettront une visualisation claire des évolutions et des situations :

Tableau des inscrits : consigner le nombre d'électeurs inscrits pour chaque bureau de vote de la commune, depuis les élections de 2020. Cela permettra de suivre l'évolution des inscriptions sur les listes électorales.

Tableau des abstentions : recenser le nombre d'abstentions pour chaque élection depuis 2020. Il sera ainsi possible de comparer :
- Les niveaux d'abstention entre différents bureaux de vote.
- Les taux d'abstention locaux et nationaux.

Tableau des performances électorales : renseigner les scores obtenus par chaque tendance politique (en pourcentage) depuis 2020. Inclure les résultats minimums, maximums et moyens pour chaque groupe. Ces données peuvent être comparées aux performances enregistrées à l'échelle nationale.

Tableau des résultats détaillés : pour une élection spécifique, détailler les scores obtenus par chaque candidat ou liste aux premier et second tours, bureau par bureau. Calculer ensuite les totaux des voix pour différents blocs politiques (droite, gauche, centre, extrêmes) et comparer leurs scores entre les deux tours. Cette analyse permettra d'évaluer :

- La qualité des reports de voix.
- Les éventuelles pertes ou gains entre les deux tours.

Questions clés pour guider l'analyse

En réalisant ces tableaux et en examinant les données, vous serez en mesure de répondre à des questions stratégiques essentielles :
- Quelle est la composition de votre électorat ? Est-il en augmentation, stagnation ou déclin ?
- Quel taux d'abstention est prévisible ? Quelles en sont les raisons (locales ou nationales) ?
- Qui sont les abstentionnistes ? Peuvent-ils potentiellement voter pour vous ou vos adversaires ?
- Quels facteurs expliquent l'évolution des scores électoraux (personnalités, traditions, tendances d'opinion) ?
- Où se trouvent vos réserves de voix ?
- Comment se répartissent les reports de voix entre vous et vos adversaires ?

Identifier les grandes tendances

L'examen des résultats par bureau de vote permettra de distinguer trois grands types d'électorat :
1. **Les électeurs qui vous sont acquis :** ancrés dans leurs convictions, ils sont peu sensibles aux stratégies de communication.

129

2. **Les électeurs fidèles à vos adversaires :** attachés à des idées ou à des personnes, vos arguments auront du mal à les convaincre.
3. **Les électeurs indécis :** Leur choix se fera au cours de la campagne et peut être influencé par des actions de communication bien ciblées.

- **Analyse des taux de participation :** Un faible taux peut indiquer une désaffection pour la politique ou un manque de mobilisation. Repérer les zones avec une faible mobilisation pour concentrer les efforts.

  Exemple : Les jeunes de 18 à 25 ans ont montré un faible taux de participation, ce qui pourrait être un axe de travail prioritaire.

- **Zones stratégiques** : Identifier les quartiers où les électeurs sont plus indécis ou susceptibles de basculer.

  Exemple : Le bureau de vote n°5 a historiquement montré un fort taux d'abstention, mais une légère hausse de participation lors des dernières élections locales.

- **Étude des tendances de vote :** Identifier les bastions électoraux, les zones de fluctuation et les clivages éventuels (urbain/rural, âge, profession).

- **Opposants historiques** : Étudier les scores des partis adverses pour anticiper leurs points forts et faibles.
  Exemple : Un parti concurrent a gagné 60 % des voix dans le quartier "Centre-ville", mais a été critiqué pour son manque d'implication après les élections.

- **Analyse comparative :** Mettre en perspective les résultats avec des communes similaires ou à l'échelle départementale.

5.1.3 Profil économique et social

Chaque commune possède des spécificités qui influencent les besoins des citoyens. La connaissance du profil économique et social de la commune est essentielle pour cibler les besoins locaux :

- **Données démographiques :** Analyse de l'âge, de la composition des ménages, et de l'évolution de la population.

Exemple : La population de la commune est vieillissante, avec 40 % de retraités, ce qui met en évidence des besoins accrus en services de santé et de mobilité adaptée.

- **Indicateurs économiques :** identifier les principales activités économiques et les défis en termes d'emploi, taux de chômage, secteurs d'activités principaux, attractivité économique.
Exemple : L'industrie textile, autrefois dominante, a diminué, laissant place à des zones industrielles sous-utilisées. Attention aux diverses compétences des collectivités territoriales. Les intercommunalités sont compétentes en matière économique tout comme la région. On ne peut pas faire des propositions sur des compétences que l'on ne maîtrise pas.

- **Infrastructure locale :** état des équipements publics (transports, écoles, hôpitaux, etc.).
Exemple : Le réseau de transports en commun est limité, ce qui complique l'accès des habitants des quartiers périphériques au centre-ville, aux communes voisines

- **Cohésion sociale :** niveau d'éducation, accès aux services publics, tissus associatifs. Présence de fractures ou de tensions sociales (inégalités, insécurité, communautarisme).

  Exemple : Un quartier prioritaire souffre de tensions liées au chômage élevé et à un manque d'activités pour les jeunes.

Ces éléments permettent de cibler des messages adaptés aux priorités locales.

5.1.4 Identifier les besoins locaux

Si les sources d'informations locales telles que journaux locaux, groupes de pression (syndicats, associations, clubs de sport, etc.), chambres de commerce, d'agriculture, de métiers, etc., permettent de collecter des informations fiables, une enquête qualitative telle qu'un diagnostic de territoire pourra être réalisée afin de mieux appréhender les attentes et les besoins ainsi que la vision pour l'avenir. Le coût de ce diagnostic de territoire peut paraître élevé mais la réalisation de ce travail peut être effectuée, gratuitement, par des étudiants de Master.

Une compréhension fine des attentes des habitants est primordiale. Cela peut aussi être réalisé par :

- **Consultations citoyennes :** Mener des ateliers participatifs ou utiliser des outils digitaux (sondages en ligne). *Exemple* : Lors d'un atelier participatif, les habitants ont proposé de développer des pistes cyclables pour améliorer les déplacements.

- **Rencontres terrain :** Mener des entretiens avec les citoyens et organiser des focus groupes pour recueillir leurs attentes. Un véhicule sérigraphié (à intégrer au compte de campagne) peut être utilisé. *Exemple* : Lors d'une réunion publique, des habitants ont exprimé leur mécontentement concernant la gestion des déchets et l'absence de transports en commun fiables.

- **Analyse des projets passés :** Étudier les politiques mises en œuvre et leur impact perçu par la population.

- **Revendiquer des problèmes spécifiques :** Déterminer les priorités (logement, éducation, transition écologique, etc.).

Exemple : Les familles ont signalé un besoin urgent de places en crèche

- **Segmenter les attentes :** Différencier les attentes selon les groupes d'âge, les professions et les zones géographiques.

Exemple : Les commerçants du centre-ville souhaitent des actions pour dynamiser l'attractivité commerciale.

5.2 Évaluer le profil du candidat

5.2.1 Portrait du leader

Un candidat doit posséder un profil en phase avec les aspirations locales, un profil convaincant qui inspire confiance :

- **Compétences :** Souligner les réalisations passées (professionnelles, politiques, ou associatives). Son expérience en gestion publique, connaissances des dossiers locaux.

  Exemple : Ancien directeur d'une association locale, le candidat a créé un programme de réinsertion professionnelle salué par la communauté.

- **Authenticité :** Montrer des qualités humaines telles que l'écoute, la proximité et l'intégrité. L'ancrage local et la proximité sont souvent des atouts majeurs.

  Exemple : Le candidat organise régulièrement des permanences dans les quartiers pour répondre directement aux questions des citoyens.

- **Charisme :** Créer un lien personnel avec les citoyens grâce à une présence publique forte.

  Exemple : Lors des événements publics, le candidat utilise un langage simple et direct pour engager tous les groupes sociaux.

- **Tenue vestimentaire :** tout en soignant sa tenue, le candidat doit avoir une tenue qui lui ressemble et en adéquation avec le message à faire passer.

  Exemples : un candidat qui porte des lunettes doit conserver celles-ci sur ses supports de communication et jusqu'à la fin de la campagne. Si le candidat porte une barbe, il ne faut pas la raser afin la fin de la campagne.

- **Le candidat et son entourage :** il doit aussi analyser sa vie de famille et son style de vie par rapport à ses concurrents. Cette analyse lui permettra de préparer un argumentaire en cas d'attaques personnelles (concubins, enfants, frères, profession, hobbies...).

- **Message central :** Construire un discours qui reflète les valeurs personnelles et les aspirations collectives.

Exemple : « Une commune durable, solidaire et prospère pour tous » est le message principal porté par le candidat.

La communication doit valoriser ces éléments en lien direct avec les attentes des électeurs. Il ne faut pas négliger l'importance de la tête de liste. Si celle-ci connaît un défaut de notoriété, il est important de la rendre rapidement visible sans tomber dans l'excès. Par exemple, quelqu'un qui ne va jamais voir de manifestations sportives devra y aller de façon modérée.

5.2.2 Profil des colistiers

Outre les règles administratives vues précédemment, il est indispensable d'avoir une liste qui reflète la commune. Les électeurs doivent pouvoir s'identifier à celle-ci. Par exemple, si l'on a une population jeune, il n'est pas judicieux de la composer avec une représentation élevée de retraités. En parallèle, la présence de ressortissants européens peut être un atout si ceux-ci sont nombreux sur votre territoire. Les professions des colistiers, si elles sont une force, doivent être mises en avant. Le tissu associatif (sportif, culturel, anciens combattants...) d'une commune est un vivier de personnes, souvent connues, qui veulent s'investir. Ces colistiers pourront apporter un nombre non négligeable de voix.

La composition de la liste est souvent complexe et demande beaucoup d'énergie en particulier si l'on n'est pas le maire sortant. Il est primordial de l'anticiper et de se faire aider. Il serait dommageable, après avoir annoncé sa candidature, de connaître des difficultés pour composer sa liste et mobiliser son énergie pour la compléter au lieu de faire campagne. En cas de soutien officiel d'une formation politique, il faut rapidement décider de sa mise en avant ou non. Il n'est pas obligatoire de le faire apparaître sur les documents de campagne. Parfois avoir le soutien d'une formation politique permet d'augmenter son potentiel de colistier et d'avoir une aide logistique et financière. En revanche, le soutien des partis politiques peut en fonction du contexte national être une difficulté. C'est pour ces raisons qu'il est indispensable de peser le pour et le contre avant de prendre sa décision. Une élection se gagne souvent en rassemblant mais non en clivant. Une analyse fine en amont est indispensable.

Concernant les futures délégations des colistiers et en particulier ceux qui pourraient être, en cas de victoire, élus adjoints au maire, il n'y a pas d'obligation de définir en amont les répartitions des tâches au sein de votre équipe. Cependant le fait de le faire sur un certain nombre de candidats peut apporter une plus-value, par exemple un ancien policier pourrait exercer des missions sur la sécurité ou un ancien enseignant sur les écoles.

5.2.3 Profil de l'équipe de campagne

L'équipe de campagne n'est pas seulement l'ensemble des colistiers, elle est aussi constituée d'un groupe de bénévoles qui adhérent au projet. La tête de liste devra désigner un directeur de campagne et une confiance réciproque sera nécessaire. Il peut s'agir d'un colistier qui devra être un fin organisateur, lucide et franc. Il devra gérer administrativement et techniquement la campagne tout en suivant le budget.

Une campagne réussie repose sur une équipe complémentaire et compétente. Une équipe de campagne performante est un facteur clé de succès :

- **Diversité des compétences :** Composer une équipe mêlant des membres issus de différents secteurs (social, économique, associatif) pour refléter les enjeux locaux :
  Exemple : Une équipe comprenant un responsable digital, un logisticien pour les

événements, et des coordinateurs locaux pour chaque quartier.

- **Motivation et engagement :** Mobiliser des personnes partageant les valeurs du candidat. Montrer une vision partagée pour éviter les divisions internes perceptibles par les électeurs.

  Exemple : Les bénévoles de l'équipe sont motivés par la volonté de moderniser les infrastructures sportives locales.

- **Organisation interne :** Définir clairement les rôles et responsabilités de chaque membre.

  Exemple : Chaque membre reçoit un guide des tâches avec des échéances claires pour les actions de terrain.

- **Formation** : Former les équipes aux outils numériques et aux techniques de persuasion.

  Exemple : Organisation d'ateliers pour apprendre à utiliser les réseaux sociaux efficacement.

- **Equipe de tractage et d'affichage :** suivant la taille de la ville il est important de la diviser en différentes zones. Ce découpage géographique permettra de faire une diffusion judicieuse de la propagande électorale grâce à la désignation d'un référent par zone. Un responsable de l'affichage veillera à ce que l'affiche officielle soit bien apposée sur tous les panneaux réglementaires et ce jusqu'au jour du scrutin.

5.2.4 Positionnement face aux adversaires

Le positionnement du candidat dépend de la stratégie des adversaires. Un bon positionnement permet au candidat de se distinguer des opposants :

- **Analyse des forces et faiblesses des concurrents :** Étudier leurs programmes, messages et stratégies de campagne. Qui sont les opposants principaux ? Quels sont leurs arguments ?

  Exemple : Un concurrent met l'accent sur la transition écologique mais néglige les questions de sécurité, ce qui ouvre un espace stratégique pour le candidat.

- **Différenciation stratégique :** Identifier des propositions distinctives pour se démarquer (projets innovants, méthodes participatives).

Exemple : Proposition d'un budget participatif pour impliquer directement les citoyens dans les décisions locales.

- **Anticipation :** Prévoir les arguments des adversaires et préparer des contre-arguments solides.

Exemple : Préparer des réponses sur le financement des projets écologiques pour contrer les critiques sur leur faisabilité.

- **Alliances stratégiques :** Identifier des soutiens locaux influents (associations, leaders d'opinion).

Exemple : Collaboration avec une association locale reconnue pour des actions sociales.

Comprendre sa commune et définir un positionnement pertinent constituent les fondations d'une campagne électorale réussie. Ce travail d'analyse approfondi et rigoureux permet d'élaborer une stratégie claire et cohérente, en phase avec les réalités locales et les attentes des citoyens.

Parfois la politique nationale peut entraîner des répercussions sur le local. Il ne faut pas la négliger. Par exemple, des sujets nationaux sur la sécurité peuvent influencer le corps électoral local. Il est donc nécessaire de tenir compte de ces éléments, si l'analyse de terrain le fait ressentir.

> La tête de liste ne doit pas négliger le management de son équipe. En plus d'être leader, elle doit avoir un charisme qui lui permettra d'incarner sa liste.

Conquérir ou conserver la mairie : stratégie pour gagner les élections municipales

Chapitre 6 : définir une stratégie de campagne gagnante

Chapitre 6 : définir une stratégie de campagne gagnante

Une campagne électorale victorieuse repose sur une stratégie bien définie et correctement mise en œuvre. Ce chapitre explore les étapes essentielles pour concevoir une stratégie adaptée, identifier les cibles prioritaires et choisir les thèmes clés permettant de mobiliser efficacement l'électorat. Cette partie est primordiale et doit se faire rigoureusement. Tout changement de stratégie en cours de campagne risque fortement de mettre en péril les chances de succès.

Un rétroplanning est indispensable pour une campagne efficace.

6.1 Concevoir la stratégie

La stratégie consiste en la définition d'actions cohérentes intervenant selon une logique séquentielle pour réaliser ou pour atteindre un ou des objectifs. Elle doit être écrite et comprise, non seulement des colistiers mais aussi de l'équipe de campagne. Elle doit faire consensus au sein du groupe.

6.1.1 Comprendre les bases d'une stratégie efficace

Une stratégie de campagne repose sur trois principes fondamentaux :

- **Cohérence** : La stratégie doit refléter la personnalité du candidat, les enjeux locaux et les attentes des électeurs.
- **Clarté** : Chaque action doit être alignée sur des objectifs clairs et mesurables.
- **Adaptabilité** : Face aux imprévus, la campagne doit pouvoir s'ajuster rapidement.

Ces principes assurent que la campagne reste sur une trajectoire gagnante tout en s'adaptant aux défis rencontrés.

La stratégie doit répondre à plusieurs questions :

- ❖ **Qui ?** : ce sont les électeurs que vous devez persuader de voter pour vous pour gagner.
- ❖ **Pourquoi ?** : ce sont les raisons qui les feront voter pour vous.
- ❖ **Comment ?** : ce sont les actions (messages, événements, etc.) que vous mettrez en place pour les convaincre.
- ❖ **Quand ?** : c'est le calendrier de réalisation de vos actions.

6.1.2 L'élaboration d'une feuille de route

La feuille de route constitue le guide opérationnel de la campagne. Elle inclut :

- **Les phases de la campagne :** Préparation (diagnostic, stratégie), lancement (annonce officielle, premiers messages), et intensification (mobilisation massive, actions ciblées).
- **Le calendrier ou rétroplanning :** Préciser les dates clés, les échéances électorales et les temps forts (meetings, débats publics).
- **Les ressources nécessaires :** Budgets prévisionnels, ressources humaines, et outils (matériel de campagne, supports numériques).

Une planification réaliste permet d'optimiser le temps et les moyens disponibles.

La stratégie doit être écrite, comprise et soutenue par votre équipe de campagne.

Posez-vous les bonnes questions :

Les électeurs vous connaissent-ils, connaissent-ils vos adversaires (notoriété) ?

- Quelle image ont les électeurs de vous et de vos adversaires ?
- Quelle est l'image projetée par votre candidature et celle de vos adversaires ?

- Quels thèmes de campagne influenceront le vote des électeurs ?
- Quelles actions permettront d'influencer le vote des électeurs ?
- Quelle image souhaitez-vous donner de vos adversaires ?
- Quelle sera, selon vous, la stratégie utilisée par vos adversaires face à votre propre plan de campagne ?
- Comment utiliser les outils de campagne à votre disposition ?

6.1.3 La définition des objectifs et des thèmes moteurs

Définissez les objectifs spécifiques de votre campagne (1 à 4 objectifs) qui peuvent être par exemple : se poser en champion d'une cause (régler les problèmes de sécurité routière sur la commune), être porteur d'un projet pour la commune (réhabilitation du centre du village) ou créer une différence entre vous et vos adversaires (mise en avant de vos compétences ou de votre expérience).

Choisir les thèmes clés de la campagne

Les thèmes de campagne doivent être en phase avec les préoccupations des habitants. Pour les choisir :

- **Analyse des besoins locaux :** identifier les enjeux prioritaires (emploi, sécurité, urbanisme).
- **Positionnement différencié :** proposer des solutions nouvelles ou mieux adaptées que celles des adversaires.
- **Priorisation stratégique :** se concentrer sur 2 à 3 thèmes majeurs pour éviter la dispersion.

Ces thèmes doivent être portés par une vision cohérente et inspirante.

Un bon thème de campagne doit être important pour les électeurs que vous souhaitez toucher et vous devez avoir acquis une crédibilité sur ce thème surtout si vos adversaires ont pris une position contestable ou manque de crédibilité.

Ne critiquez que si vous pouvez faire des propositions.

Il faut qu'elles soient crédibles dans un domaine et vous pourrez ensuite faire dénoncer par l'un de vos proches ou l'un de vos colistiers le ou les points faibles de la position de vos adversaires.

Restez sur votre terrain et faites en sorte de ne pas avoir à vous justifier.

Faites attention aux attaques personnelles :
- N'attaquez pas vous-même votre adversaire. Faites en sorte que ce soit quelqu'un d'autre qui le fasse
- En cas d'attaque personnelle contre vous : évaluez bien votre réponse, s'il doit y en avoir une, et posez-vous la question de savoir si c'est à vous de répondre ou si quelqu'un d'autre doit le faire à votre place.

6.1.4 Identifier les cibles électorales prioritaires

S'il existe plusieurs bureaux de vote, il conviendra de déterminer les secteurs sur lesquels les efforts devront porter.

Tous les électeurs ne présentent pas la même importance stratégique. Il est crucial de segmenter l'électorat en :

- **Électeurs acquis :** fidèles au candidat ou à son parti. L'objectif est de les mobiliser activement.
- **Électeurs indécis ou flottants :** Cet électorat n'est pas stable dans ses choix car il se décide pendant la campagne ou dans les jours qui précèdent le vote. Ils sont déterminants

pour faire pencher le résultat. La communication doit être spécialement ciblée pour répondre à leurs préoccupations.

- **Électeurs adverses** : bien qu'ils soient difficiles à convaincre, il est possible de réduire leur influence en attirant certains de leurs sympathisants vers des propositions transpartisanes, mais il ne faut perdre de temps à les rallier.
- **Abstentionnistes :** certains vous seront proches, alors que d'autres seront plutôt favorables à vos adversaires. Recherchez leurs différentes motivations, afin de convaincre la première catégorie, sans réactiver ceux qui sont plutôt en faveur de votre adversaire.

Une analyse fine des segments permet de prioriser les efforts là où ils auront le plus d'impact.

6.2 Rétroplanning

Il est indispensable de planifier sa campagne électorale. Il est nécessaire de rédiger en amont le rétroplanning. Il est fortement recommandé de le faire de manière collégiale. Il doit prévoir non seulement des temps d'action (déclaration de candidature, réunion publique…) mais aussi les temps de réflexion. Il ne faut pas oublier qu'une campagne électorale doit être un moment convivial et de partage ainsi que d'échanges avec la population. L'équipe ne doit pas être négligée car soudée elle sera une force face aux adversaires.

À inscrire dans un rétroplanning :

- Déclaration de candidature à la population.
- Présentation des colistiers.
- Rédaction du programme.
- Présentation du programme.
- Distribution du programme.
- Déclaration de candidature administrative.
- Réunions publiques.
- Distributions de Tracts.
- Conférences de presse.
- …

Ce rétroplanning doit être la ligne conductrice.

6.3 Planification des actions de proximité

Le contact direct est une méthode éprouvée pour renforcer le lien avec les électeurs. Ces actions incluent :

- **Porte-à-porte :** Établir un dialogue personnalisé et recueillir les préoccupations des habitants. Il est judicieux d'avoir un document à distribuer servant de prétexte pour engager la conversation.
- **Réunions publiques :** Créer des espaces d'échanges pour exposer les projets et répondre aux interrogations. Il faut prendre soin de bien préparer la salle aux couleurs et aux messages de la campagne. Ne pas oublier d'annoncer en amont les réunions (réseaux sociaux, tracts, site internet, presse...).
- **Présence sur le terrain :** Participer à des événements locaux (marchés, fêtes de quartier) pour renforcer l'image de proximité.

L'efficacité de ces actions repose sur une planification ciblée et une logistique bien coordonnée.

Bureaux de vote à privilégier

Tous les bureaux de vote n'ont pas le même poids dans une élection locale. Il est essentiel de :

- **Analyser les résultats passés :** Identifier les zones où le candidat peut gagner ou consolider un avantage.
- **Prioriser les zones clés :** Concentrer les efforts sur les quartiers indécis ou à forte population.
- **Mobiliser dans les zones favorables :** Assurer une forte participation dans les bastions électoraux du candidat.

Une mobilisation bien orchestrée dans ces secteurs peut faire la différence lors du scrutin.

6.4 Messages et arguments convaincants

Afin de faire passer un message, **il faut créer un récit** pour partager sa vision du territoire avec les habitants. Les citoyens doivent devenir les acteurs de ce récit pour adhérer au projet. Le récit a une grande importance dans nos sociétés et son pouvoir et son influence sur le récepteur sont avérés en tant que technique de communication. Les villes sont aujourd'hui en concurrence et elles ont besoin d'être attractives. À cette fin, elles mettent en place des projets urbains et des transformations dans leur territoire, elles doivent faire preuve d'inventivité et mettre en œuvre des techniques de communication efficaces. Un bon message électoral est :

- **Simple :** Compréhensible par tous, même dans un contexte de communication rapide.
- **Impactant :** Il doit marquer les esprits et susciter l'adhésion.
- **Authentique :** En lien avec les valeurs du candidat et les attentes des électeurs.

Il faut s'adapter au public et non l'inverse :
- **Message centré sur l'action :** « Construisons ensemble une ville dynamique et solidaire ! »

- **Message différenciant** : « Votre voix pour un changement concret et durable. »

Les arguments doivent être soutenus par des exemples concrets et des données crédibles, renforçant la confiance des électeurs.

Une fois le message défini, il faut rechercher les arguments pour convaincre, les classer par ordre d'importance et retenir les deux ou trois essentiels. Se mettre à la place de l'électeur pour choisir les arguments décisifs et répéter le message (la répétition est nécessaire pour convaincre).

> Définir une stratégie de campagne gagnante nécessite une préparation rigoureuse, une identification claire des cibles et un choix judicieux des thèmes. En suivant ces étapes, les candidats peuvent maximiser leur impact et mobiliser efficacement les électeurs autour de leur projet.

Il est important, si la strate le permet, que les électeurs puissent rentrer en contact avec la tête de liste. Il faut tenir un planning de revisites, si nécessaire, avec lui.

Il ne faut pas négliger le message auprès des employés de mairie, ils peuvent être volontairement ou non, relais autant positif que négatif. Leur impact sur le corps électoral n'est pas à négliger.

Conquérir ou conserver la mairie : stratégie pour gagner les élections municipales

Chapitre 7 : maîtriser la communication de campagne

Chapitre 7 : maîtriser la communication de campagne

La communication est au cœur d'une campagne électorale. Elle ne se limite pas à transmettre des messages : elle doit mobiliser, convaincre et inspirer. Ce chapitre présente les étapes nécessaires pour organiser efficacement les moyens de campagne et utiliser les outils de communication pour maximiser l'impact des actions. Il ne faut pas oublier qu'un message passe s'il y a un émetteur et un récepteur. Les moyens de communication doivent être adaptés à la sociologie des électeurs

7.1 Déclarer publiquement sa candidature

Outre la déclaration administrative vue précédemment, il faut en amont de celle-ci se déclarer officiellement candidat auprès des concitoyens. Cette déclaration doit avoir plusieurs formes :
- ✓ Une conférence de presse avec des journalistes. en leur laissant un document papier.
- ✓ Les réseaux sociaux.
- ✓ ...

Il est fortement conseillé de faire cette déclaration sur plusieurs supports afin de toucher un maximum de population.

Ne pas négliger la présentation physique et le décorum.

Le message qui va être envoyé auprès de la population doit être fort et l'impacter. On doit rapidement identifier la tête de liste.

Ultérieurement il est possible de faire de même pour les colistiers.

Cette présentation peut être individuelle ou groupée.

Il est important de pouvoir donner une mini biographie de chaque candidat afin que les électeurs puissent les connaître et s'identifier à eux.

7.2 Organiser les moyens de campagne

7.2.1 Gestion du budget

La maîtrise du budget est cruciale pour une campagne efficace. Une planification rigoureuse permet de maximiser les ressources disponibles :

- **Établir un budget prévisionnel** : Lister les dépenses nécessaires (impression de tracts, événements, communication numérique).
- **Répartir les priorités** : Allouer les fonds aux actions ayant le plus d'impact (publicité ciblée, événements phares).
- **Suivi régulier** : Mettre en place un tableau de bord pour contrôler les dépenses et anticiper les ajustements.

La transparence est essentielle pour éviter les controverses liées au financement.

7.2.2 Équipe et permanence de campagne

Une équipe organisée et motivée est le pilier d'une communication réussie.

- **Rôles et responsabilités :** attribuer des missions claires à chaque membre (logistique, communication, relation avec les électeurs).
- **Recrutement de bénévoles :** s'appuyer sur un réseau local pour renforcer l'équipe et assurer une présence sur le terrain.
- **Permanence de campagne** : aménager un espace dédié pour coordonner les activités, accueillir les citoyens et organiser des réunions d'équipe.

Une équipe soudée et bien structurée est essentielle pour porter la dynamique de campagne. Il est important d'avoir un responsable de la permanence qui va veiller et animer celle-ci. Les horaires d'ouverture doivent correspondre à ceux des concitoyens. La permanence est la base arrière de la campagne. Son loyer doit être rentré dans les comptes de campagne ainsi que l'ensemble des frais (location de matériel, internet…).

7.2.3 Distribution de matériel

Le matériel de campagne est un vecteur clé pour véhiculer les messages :

- **Conception des supports :** créer des tracts, affiches et flyers attractifs, clairs et en accord avec l'identité visuelle de la campagne.
- **Canaux de distribution :** distribuer le matériel dans les lieux de forte affluence (marchés, zones commerciales) et lors des événements publics.
- **Logistique efficace :** gérer les stocks pour éviter les ruptures et s'assurer que le matériel arrive à temps sur le terrain.

Une bonne gestion des supports permet de maximiser leur visibilité et leur impact.

7.3 La mise en œuvre de la communication

Le plan de communication de la campagne doit être organisé par le candidat (date de début et de fin de campagne) et doit inclure le projet de fin de mandat pour les sortants. Le contenu et les supports devant être utilisés (ainsi que leur coût) doivent être définitivement adoptés

La mobilisation de tous est nécessaire.

En fin de campagne il faudra analyser les réactions de la population, les courriels ou courriers reçus, le questionnaire et son niveau de retour…

 Il est fondamental de déterminer une charte graphique qui doit être reporté sur l'ensemble des supports de la campagne.

Le choix de slogan de campagne est crucial il doit refléter l'objectif de l'engagement. Ce message court doit impacter les électeurs. Il doit être défini dès le début de la campagne et présent sur l'ensemble des supports.

7.3.1 Les supports de communication

Pour les élus sortants, il est possible de diffuser le bilan de mandat. Il convient de sélectionner les moyens de communication les mieux adaptés. Plusieurs supports ou moyens de diffusion de ce bilan peuvent être utilisés simultanément, mais la forme du support choisi dépendra des éléments à mettre en valeur et des moyens matériels et financiers de la collectivité.

 Attention à la communication pré-électorale pour les sortants 6 mois avant les élections. Des règles spécifiques s'appliquent.

Pour les opposants, il est possible de faire un contre bilan. Celui-ci doit être construit et argumenté et non diffamatoire.

Si le garde champêtre et son tambour remontent au Moyen-Âge et si la Révolution française marque l'essor de l'affichage public, c'est dans les années 1870 que les communes se dotent de bulletins municipaux. En 1882, Paris édite un bulletin quotidien et en 1935, le bulletin de Marseille devient un magazine illustré. Le déploiement de la communication des collectivités date toutefois des lois de décentralisation de 1982.

Néanmoins, il ne faut pas confondre l'information qui est obligatoire avec la communication.

Les différents supports ou moyens de diffusion pouvant être utilisés sont les suivants (liste non exhaustive) : newsletter, film, site internet, page web spécifique, blog, réseaux sociaux, relations presse et réunions publiques. Il est important de noter que le candidat est, de fait, le directeur de la publication. Il est garant des contenus diffusés dans les magazines mais aussi dans tous les supports de communication.

Il faut adapter les supports au public. Outre la propagande officielle, il est possible d'avoir des supports divers.

- <u>Les supports papier</u>

Le journal de campagne peut être un document à diffuser de façon régulière pour informer le public des actions entreprises.

Le programme électoral doit être diffusé de façon massive sur le territoire de la commune il peut se faire suivant 2 méthodologies :

- ✓ **Temporelle :** on annonce les projets en suivant un calendrier pour les 6 ans de mandat. Il est parfois compliqué à tenir. Les 6 ans paraîtront très courts pour les élus, cependant pour les électeurs le temps sera long. Ne pas hésiter à couper le projet en 2 phases de 3 ans. Ceci permettra au bout de 3 ans de faire une première étape de mi-mandat, de se repositionner et proposer pour les trois autres années les projets annoncés et des nouveaux.
- ✓ **Thématique :** les projets seront exposés selon des thématiques (éducation, sport, culture...).

Ce document doit être clair et illustré.

Il est possible de sortir différents tracts de campagne qui ont pour but une présentation succincte de certains projets, une présentation de la tête de liste et des colistiers ainsi que des cartes de vœux. Des documents ciblés peuvent être imprimés, par exemple sur des thématiques spécifiques : impôts, finances, sport, culture, éducation... ou des documents à l'attention d'un public cible (un président d'association par exemple). Ils doivent valoriser les points forts et mettre en relief les faiblesses des adversaires. Le message doit être court et clair (un certain nombre d'électeurs ne lit pas la totalité des documents). Un tract spécifique d'annonce de réunion publique peut être édité.

Pour vos supports, le choix du papier a une importance, plus le papier est de qualité plus il coûte. Le choix d'un papier glacé peut apporter une qualité et un soin particulier au message, mais un papier recyclé peut aussi faire passer une sensibilisation sur l'environnement.

- Le site internet

Le site internet permet l'information des usagers sur le candidat, son équipe et son projet ainsi que l'instauration d'un débat avec les citoyens.

Les avantages qui découlent d'un site peuvent être les suivants :
- Gain de temps et instantanéité de la communication.
- Économies diverses (publications écrites, publipostage).

- Communication facilitée entre candidat et électeurs.
- Plus de réactivité dans les réponses apportées aux interrogations sur le projet.

Néanmoins, l'utilisation d'un site peut avoir des inconvénients tels qu'une inégalité d'accès aux nouvelles technologies.

- **La newsletter**

La newsletter est une information sortante rapide destinée à des personnes actives. Elle a l'avantage de se lire rapidement et elle a un coût réduit si la maquette existe.

Ses principaux inconvénients sont un format trop court pour un bilan de mandat, une relative crédibilité si sa parution est « exceptionnelle » et une cible restreinte. Elle exige une liste de diffusion importante.

- **Le film**

Le film est un média populaire qui « imprime » sur le moment, mais qui comme les chaînes d'infos en continu « passe ». Mais si le film est facile d'accès et démonstratif avec une diffusion aisée sur le site internet ou sur une web TV, il a un coût important (scénario, tournage, large diffusion en DVD) et un taux de mémorisation faible (dépendant du nombre de passages sur web TV ou site internet).

- **La page web spécifique**

La création d'une page web spécifique n'est pas une bonne idée car, ponctuelle, elle risque d'apparaître comme une démarche plus politique qu'institutionnelle et elle représente un coût financier sans rapport avec le résultat attendu sauf si la maquette existe. De plus, elle possède toutes les chances de ne pas figurer en 1ère page de Google par manque de référencement.

- **Le blog**

Il s'agit d'une sorte de carnet de bord ou bloc-notes personnel en ligne qui est un site web sur lequel une personne s'exprime de façon libre. Les blogs sont présentés pour la plupart sous une forme assez figée, parce qu'il s'agit d'une mise en page automatisée et simple d'utilisation.

Un blog est décomposé en unités d'énonciation datées, appelées billets ou notes, classées par ordre chronologique, il peut être structuré par thèmes, mois ou en utilisant un moteur de recherche. Même s'il est très efficace pour la polémique politique, il ne convient pas nécessairement pour la présentation d'un programme car son format est trop court.

- <u>Les réseaux sociaux</u>

Les réseaux sociaux ont bouleversé la communication traditionnelle en passant d'un modèle descendant à un modèle conversationnel. Ils appellent un ton différent, moins institutionnel, et une réactivité immédiate.

L'étude We Are Social/Meltwater de 2023 révèle que plus de 36,5 % du temps total passé sur internet l'est sur les réseaux sociaux. Près de la moitié des utilisateurs s'en servent pour « *rester en contact avec la famille ou des amis* » (48,6 %), 37,3 % y vont pour « *passer le temps* » et 34,6 % pour « *s'informer ou lire l'actualité* ».

- Il y a 8,05 milliards d'habitants sur la planète, dont 5,56 milliards de mobinautes (69,1 %) et 5,19 milliards d'internautes (64,5 %).
- 4,88 milliards d'utilisateurs actifs peuplent les réseaux sociaux, soit 60,6 % de la population mondiale.
- Entre juillet 2022 et juillet 2023, il y a eu 173 millions d'utilisateurs de réseaux sociaux en plus dans le monde (+3,7 %).

- Les usagers d'internet âgés de 16 à 64 ans passent en moyenne 2h26min par jour sur les réseaux sociaux en juillet 2023, soit 3 minutes de moins que l'année précédente.
- En moyenne, les utilisateurs de réseaux sociaux possèdent 6,7 comptes sur les différentes plateformes.
- 46,4 % des personnes présentes sur les réseaux sociaux sont des femmes, 53,6% des hommes.

Pour les candidats, utiliser les réseaux sociaux constitue avant tout une démarche volontaire d'innovation pour anticiper l'avenir et c'est un excellent vecteur de communication pour rentrer en contact avec de nouveaux entrepreneurs et les motiver à venir installer leur entreprise sur le territoire. Cela peut aussi être un outil de fidélisation des différents partenaires, et pour les informer sur les actions et les projets d'une commune.

Les 10 réseaux sociaux les plus utilisés dans le monde en 2023 :

1. **Facebook :** 3 milliards d'utilisateurs,
2. **YouTube :** 2,5 milliards,
3. **WhatsApp :** 2 milliards,

4. **Instagram :** 2 milliards,
5. **WeChat :** 1,3 milliard,
6. **TikTok :** 1,1 milliard,
7. **Messenger :** 1 milliard,
8. **Snapchat :** 750 millions,
9. **Douyin :** 730 millions,
10. **Telegram :** 700 millions.

Facebook

Ce réseau social permet d'échanger des informations et de rester en contact avec ses proches et s'ouvrir vers de nouvelles personnes. Il permet aussi de développer et d'animer une communauté

En France[56], Facebook représente

- 35 millions d'utilisateurs actifs.
- 73,3 % des internautes français utilisent Facebook chaque mois.
- L'utilisateur français moyen passe 12h54 par mois sur Facebook.
- 70 % des community managers considèrent Facebook comme leur réseau social préféré, et 83 % d'entre eux l'utilisent pour diffuser des annonces publicitaires.
- 52,5 % des utilisateurs français sont des femmes, contre 47,5 % d'hommes.

---

[56] Rapport We Are Social / Étude BDM / Statista (2023)

Chaque mois, les Français connectés de 16-64 ans se rendent majoritairement sur Facebook (pour plus de 73% d'entre eux), suivi respectivement de Whatsapp, Instagram, Messenger, Snapchat, TikTok, Twitter et Pinterest.

Twitter (devenue X)

 Attention depuis le soutien d'Elon Musk pour l'élection de Donald Trump, certaines personnes ont quitté le réseau.

Twitter est une plateforme de partage qui est passée, en quelques années, d'un phénomène de mode à un vrai phénomène de société. Twitter se démarque des autres services par de nombreux aspects, et notamment la limitation des messages à 280 caractères

En France, Twitter représente[57] :
- 5 716 000 visiteurs uniques moyens par jour,
- 7ème réseau social le plus utilisé.
- 40 % des community managers estiment que Twitter est important dans le cadre de leur travail.
- 9,76 % du trafic web issu des réseaux sociaux provient de Twitter.

---

[57] Étude We Are Social/Meltwater (janvier 2024)

- 66 % des utilisateurs sont des hommes, contre 34 % de femmes.
- 22,1 % des visites se font sur ordinateur, 84,5 % sur smartphone, 6,2 % sur tablette.

Ces deux médias permettent de jouer un rôle d'alerte sur la parution du bilan de mi-mandat, mais, tout comme les alertes lancées par la municipalité par emails, sms, WhatsApp, sur la mise à disposition sur site du bilan de mi-mandat, peuvent entraîner un effet négatif sur une population qui peut se sentir fichée ou répertoriée (sauf liste de diffusion acceptée).

D'autres réseaux sociaux peuvent être utilisés et voici à titre indicatif quelques informations concernant le nombre d'utilisateurs et le temps passé sur les applications en France :

YouTube[58]

- 41,4 millions de Français utilisent YouTube chaque mois.
- 20 millions de Français regardent YouTube tous les mois via leur écran TV.
- Les utilisateurs français passent 11h42 par mois en moyenne sur YouTube.
- Les Français passent en moyenne 37 minutes par jour sur YouTube.

---

[58] Étude We Are Social/Meltwater (janvier 2024)

- Les 15-24 ans passent 1h08 par jour en moyenne sur YouTube.

Instagram[59]

- La France compte 23,7 millions d'utilisateurs d'Instagram en janvier 2023.
- 58,6 % des usagers d'internet âgés de 16 à 64 ans utilisent l'application au moins une fois par mois.
- 19,4 % des Français qui utilisent les réseaux sociaux font d'Instagram leur plateforme favorite.
- Les Français passent en moyenne 12h13 par mois sur l'application.
- L'application mobile se classe 4e en 2023 en termes d'utilisateurs mensuels actifs.
- C'est la 7ème application la plus téléchargée en 2023.

TikTok[60]

- 14,9 millions d'utilisateurs actifs mensuels.
- 9,5 millions d'utilisateurs actifs quotidiens.
- 22,4 millions de visiteurs uniques mensuels.
- 72 % des utilisateurs ont moins de 24 ans.

---

[59] Étude We Are Social/Meltwater (janvier 2024)
[60] www.meltwater.com

LinkedIn[61]

En France, LinkedIn enregistre plus de 28 millions de membres en 2023. En novembre 2022, LinkedIn franchissait le cap symbolique des 25 millions d'utilisateurs. En deux ans seulement, LinkedIn a vu son nombre de membres augmenter de 20 %, ce qui prouve que le réseau social B2B continue de se développer fortement dans l'Hexagone.

La France est le 5ème pays qui compte le plus de membres LinkedIn, derrière les États-Unis, l'Inde, le Brésil ainsi que le Royaume-Uni. À noter également qu'en France, LinkedIn est le 2ème réseau social le plus important aux yeux des community managers.

Snapchat[62]

- 20.2 millions de visiteurs uniques quotidiens.
- 98,1 % utilisent Snapchat sur smartphone, et 4,5 % sur tablette (juillet 2022).
- 10ème réseau social le plus utilisé au monde, 5e en France.
- Le temps moyen passé sur l'application est de 44 minutes par jour.

---

[61] Etude BDM 2023
[62] We Are Social / Meltwater / Snapchat / Étude BDM (2024)

- 94 % des 15-24 ans sont présents sur la plateforme.
- L'âge moyen de l'utilisateur français de Snapchat est de 35 ans.
- 6 % des community managers estiment que Snapchat est important dans le cadre de leur travail.

Pinterest[63]

- 28,1 % des Français âgés de 16 à 64 ans utilisant internet sont sur Pinterest, ce qui représente 16,8 millions de personnes chaque mois.
- C'est le 8ème réseau social le plus utilisé en France, derrière Twitter.
- 53 % des utilisateurs français trouvent que Pinterest les influence lorsqu'ils cherchent des produits.
- 59 % des utilisateurs français ont découvert de nouveaux produits ou marques sur Pinterest.
- 2,8 % des Français de 16 à 64 ans utilisant les réseaux sociaux considèrent Pinterest comme leur plateforme préférée, soit 1,45 million de personnes.

---

[63] étude We Are Social/Meltwater (France 2023)

Concernant les réseaux sociaux, le choix dépend des cibles à atteindre car l'utilisation des réseaux sociaux est différente selon l'âge et il est plus important d'avoir de la qualité plutôt que de la quantité. En effet, un réseau social doit être entretenu et il est important d'être actif en postant régulièrement.

 Attention les frais que peuvent engendrer l'utilisation de ces réseaux doivent être inscrits dans les comptes de campagne.

7.3.2 Les relations presse

Les relations presse ne se résument pas à la publication de communiqués.

Les rapports avec les médias reposent sur des relations de confiance personnelles et durables, établies dans le respect de la liberté de la presse et du métier des journalistes.

Les journalistes ont besoin de recevoir des communiqués de presse et l'information est primordiale pour remplir les colonnes des quotidiens. Un bon article paru dans un magazine peut avoir un impact énorme et si le média est jugé crédible, bien plus qu'une publicité. Il faut obtenir l'attention des médias à travers vos actions, le patrimoine ou l'histoire de votre ville ou de ses habitants. Il faut développer l'affectif et les journalistes doivent penser du bien de la commune ou de son maire. Le correspondant local doit devenir « votre ami ».

Pour cela, il faut donner aux journalistes des infos en avant-première, devenir leur principale source d'informations sur la vie de votre territoire et établir un lien direct (déjeuner de presse, déjeuner, appels téléphoniques).

Pour capter l'intérêt des médias, il faut annoncer un événement : interviews de candidats, future réunion publique.

- **Rédaction de communiqués** : Écrire des messages clairs et informatifs pour attirer l'attention des journalistes.
- **Organisation de conférences de presse** : présenter les moments forts de la campagne en créant des opportunités médiatiques.
- **Publications imprimées :** confectionner des brochures et bulletins de campagne pour diffuser les propositions du candidat.

Maintenir de bonnes relations avec les médias locaux permet d'amplifier la portée des messages. Il est important de laisser un document papier au journaliste si l'on veut que le message soit le mieux retranscrit.

7.3.3 Les réunions publiques

L'objectif d'une réunion publique est de faire passer des messages tout en séduisant directement le public et en privilégiant l'échange.

L'élu a une fonction tribunitienne. Représenter sa collectivité demande nécessairement de parler en son nom et dire les choses devant un public, c'est incarner sa collectivité et construire une relation humaine.

Communiquer, c'est comprendre et se faire comprendre.

Préparer un RDV, une conférence de presse ou tout autre événement qui nécessite d'intervenir devant plusieurs personnes ne se limite pas à rédiger un super discours. Car, si le choix des mots est évidemment fondamental, seul, il n'est pas suffisant pour remporter l'attention de son auditeur.

Lors de la prise de parole en public, il est important de connaître l'impact du verbal, du vocal et du visuel.

Le Verbal (7%)

Il s'agit du discours avec le choix des mots et leur signification. Il est essentiel d'utiliser des mots compréhensibles par tous. Préparer son discours prend beaucoup de temps et pourtant il ne représenterait que seulement 7 % de notre communication.

Le Para-Verbal (38%)

Le Para-Verbal concerne notre façon de parler : la voix, le ton, le rythme. Ces éléments sont fondamentaux et pour être un bon orateur, il s'agit de bien maîtriser sa communication vocale. Cela représenterait 38 % de notre communication.

Le Non-Verbal (55%)

Le langage non verbal est celui qui ne fait pas appel aux mots. Il s'agit du « langage du corps » et il est basé sur ce qu'on exprime non verbalement.

C'est ce que l'autre « voit » : l'apparence, la démarche, la gestion de l'espace, l'attitude et la gestuelle. Les études tendent à démontrer que le Non-Verbal serait l'élément essentiel de la communication.

La figure ci-après schématise les éléments qui seront retenus dans un discours.

Figure 1 : la règle des 7% - 38% - 55% (Albert Mehrabian)

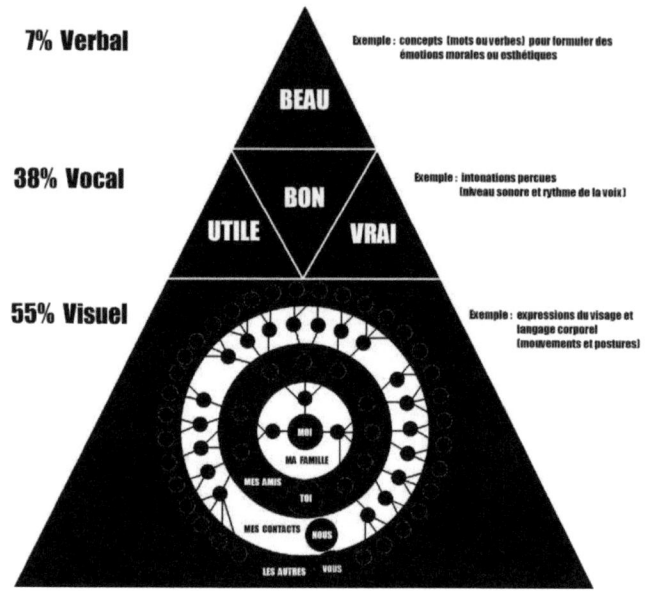

Une réunion publique peut être assimilée à une pièce de théâtre dans laquelle tous les acteurs vont avoir un rôle à jouer. En conséquence, elle se prépare aussi bien au niveau des interventions que de la logistique. Pour cela il faudra gérer la disposition de la salle de réunion et l'utilisation d'un vidéoprojecteur qui va permettre une meilleure compréhension, une concentration de l'auditoire, une focalisation de l'attention animateur/diapos, de donner du rythme et de la clarté à l'exposé.

Néanmoins, l'utilisation d'un vidéoprojecteur présente quelques inconvénients et si la gestion de la clarté de la salle doit être correctement gérée, il ne faut pas que le PowerPoint soit indigeste car trop long et mal illustré.

Et donc, pour cela, de la même manière qu'il est plus facile d'apprendre à jongler avec 3 balles avant d'essayer avec 5, il sera plus facile de s'aventurer dans le PowerPoint avec un cadre délimité. En ce sens, **la méthode du 1664** est très pratique pour poser les bases d'une présentation.

Cette méthode ne consiste pas à trouver l'inspiration dans l'ébriété mais à respecter les 4 points suivants :

- **1** idée directrice par diapo.
- **6** lignes de texte maximum.
- **6** mots par lignes maximum.
- **4** couleurs maximum.

Ne pas oublier la charte graphique et le slogan.

La construction du discours

Un discours peut se construire simplement avec une introduction, une ou deux idées fortes et une conclusion comme présenté ci-après :

INTRO : une accroche : une question, un chiffre. Votre crédibilité : pourquoi je prends la parole ? Le bon moment : pourquoi c'est le bon moment de parler d'un sujet ?

IDÉE FORTE 1 : présentation de l'idée, argument 1, exemple 1 (personnel / anecdote, quelqu'un que l'on connaît), quelque chose qui est dans l'air du temps, argument 2, exemple 2, récapitulatif, critiques/objections, réfutation et transition vers idée forte 2.

IDÉE FORTE 2 : idem idée forte 1 et transition vers conclusion.

CONCLUSION : récapituler (synthèse) ; appel à l'action et bénéfices.

Quelques conseils pour les jours précédant le discours : mémoriser son texte en le disant à voix haute le plus souvent possible (embouteillage, cuisine, salle de bain). Mémoriser son texte en utilisant la méthode de visualisation des idées dans des lieux familiers (méthode LOCI du latin « locus » ou « loci » au pluriel). Préparer une fiche bristol avec la trame.

La veille de l'intervention : préparer des réponses aux questions gênantes, vérifier la salle et l'équipement et se relaxer.

L'utilisation de sonorisation

Avantages : meilleure écoute du discours, modulation des variations de ton.

Inconvénients, risques : enceintes mal disposées, qualité de son médiocre, pas de micro portable, micro-cravate mal fixé ou micro déformant la voix.

Le contact direct avec les électeurs est un moyen puissant pour renforcer la confiance :

- **Participation à des événements locaux :** montrer l'engagement du candidat dans la vie quotidienne de la commune (fête de village, manifestations sportives, cérémonies patriotiques, culture, expositions…).
- **Visites de terrain :** aller à la rencontre des électeurs dans les quartiers, entreprises et associations.

La proximité renforce l'authenticité et la crédibilité du candidat.

⚠️ La totalité de la salle de la réunion publique n'est pas forcément acquise à votre cause. Vous devez vous attendre à avoir des adversaires ou leurs représentants qui essayeront de vous mettre en difficulté par des questions .

Bibliographie

Bratosin S., et Tudor M.-A., (2021) « Comprendre la communication publique et politique. L'échiquier et sa tour de Babel », L'Harmattan

Noguera F., Scarazzini E., (2022), « La gouvernance des collectivités territoriales : une étude empirique des tensions de rôle des cadres territoriaux », La gouvernance revisitée : une approche pluridisciplinaire, JFD éditions, Montréal (Québec), pp. 327-354.

Noguera F., Scarazzini E., (2022), « Tensions de rôle des cadres territoriaux : une étude empirique auprès d'une collectivité territoriale », Revue Recherche en Sciences de Gestion-Management-Ciencias de Gestion N° 149/2022, p. 207 à 235

Scarazzini E. (2024), « Le bilan de mi-mandat, couteau suisse de la communication publique et politique », édition BOD

Tudor M.-A., (dir.) (2015), « Communication symbolique », *Essachess Journal for Communication Studies*, 8(15).

Tudor M.-A., Bratosin S., (2018), « Croire en la technologie : médiatisation du futur et futur de la médiatisation », Actes du 4e Colloque international Comsymbol, France, Iarsic.

Textes applicables

Code général des collectivités territoriales (CGCT) : art. L. 2113-17 dans sa rédaction antérieure à la loi n° 2010-1563 du 16 décembre 2010, L. 2121-2, L. 2511-5 à L. 2511-8et R. 2151-3.

Code électoral : art. L. 1er à L. 118-4, L.O. 141, L. 225 à L. 259, L. 260 à L. 273-12, L.O.384-1 à L. 386, L. 388 à L. 393, L. 428 à L. 438, L. 451 à L. 454, L.O. 530 à L. 532, R. 1er à R. 97, R. 117-2 à R. 127, R. 130, R. 201, R. 202, R. 204 à R. 212 et R. 265 à R. 270, D. 56-1 à D. 56-3 et D. 61-1.

Loi n° 77-729 du 7 juillet 1977 relative à l'élection des représentants au Parlement européen modifiée par la loi n°2018-509 du 25 juin 2018 (incompatibilités : art. 6-3).

Loi n° 77-808 du 19 juillet 1977 relative à la publication et à la diffusion de certains sondages d'opinion.

Loi n° 86-1067 du 30 septembre 1986 relative à la liberté de communication (art. 13,14, 16 et 108).

Loi n° 88-227 du 11 mars 1988 relative à la transparence financière de la vie politique.

Annexes

Annexe 1
Scrutin, les règles à respecter

Le cheminement des électeurs *(article L62)*

Étape 1 : Le contrôle d'appartenance au bureau de vote

A son entrée dans la salle du scrutin, l'électeur, après avoir fait constater son identité suivant les règles et usages établis ou après avoir fait la preuve de son droit de voter par la production d'une décision du juge du tribunal judiciaire ordonnant son inscription ou d'un arrêt de la Cour de cassation annulant un jugement qui aurait prononcé sa radiation

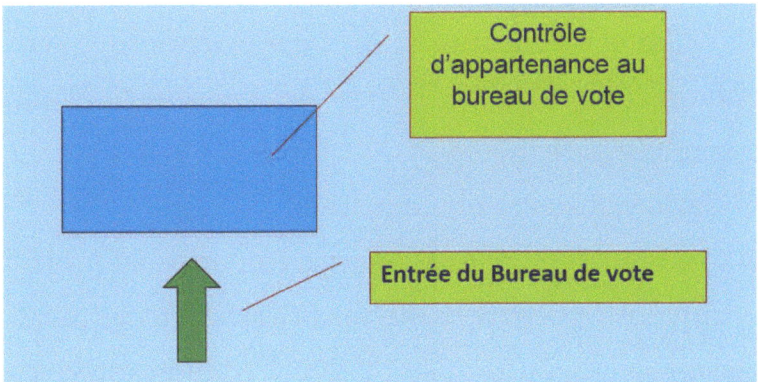

Arrêté du 16 novembre 2018 modifié par arrêté du 22 février 2021

Article 1er : Les titres permettant aux électeurs français de justifier de leur identité en application de l'article R60 du code électoral sont les suivants :

1° Carte nationale d'identité (périmée – 5 ans)

2° Passeport (périmé – 5 ans)

4° Carte d'identité d'élu local avec photographie, délivrée par le représentant de l'État

6° Carte du combattant avec photographie, délivrée par l'ONACVG

7° Carte d'invalidité civile ou mobilité inclusion avec photographie

8° Carte d'identité de fonctionnaire de l'État avec photographie

9° Carte d'identité ou carte de circulation avec photographie, délivrée par les autorités militaires

3° Carte d'identité de parlementaire avec photographie, délivrée par le président d'une assemblée parlementaire

5° Carte vitale avec photographie

10 ° Permis de conduire sécurisé conforme au format « Union Européenne » ou, jusqu'au 19 janvier 2033, permis de conduire rose cartonné édité avant le 19 janvier 2013

11° Permis de chasser avec photographie, délivré par l'Office national de la chasse et de la faune sauvage

12° Récépissé valant justification de l'identité, délivré en échange des pièces d'identité en cas de contrôle judiciaire, en application de l'article L.224-1 du code de la sécurité intérieure

Ces titres doivent être en cours de validité, à l'exception de la carte nationale d'identité et du passeport, qui peuvent être présentés en cours de validité ou périmés depuis moins de 5 ans

<u>Pour les communes supérieures ou égales à 1 000 habitants, non munis des pièces indiquées ci-dessus, les électeurs ne seront pas admis à prendre part au scrutin.</u>

Dans les communes de moins de 1 000 habitants, aucune disposition n'impose à l'électeur de présenter une pièce d'identité précise.

Il convient simplement au président du bureau de vote de constater qu'il connaît la personne qui se présente ou, à défaut, d'obtenir son identité par tout moyen à sa convenance.

Que se passe-t-il lorsqu'un électeur affiche ostensiblement, dans le bureau de vote, pour qui il va voter ?

D'une manière générale, le non-respect du secret du vote peut entrainer l'annulation de l'ensemble des opérations électorales dans un ou plusieurs bureaux de vote.

Le juge de l'élection apprécie l'influence, réelle ou potentielle, de la manifestation sur le déroulement du scrutin en vérifiant si elle a été de nature à porter atteinte à la dignité du vote ou à provoquer des désordres dans le bureau de vote.

Étape 2 : La table de décharge

L'électeur se présente devant la table de décharge où sont déposés, dans le sens de circulation :

Les enveloppes de scrutin, l'électeur prend lui-même une enveloppe

Les bulletins de vote dans l'ordre officiel (usage) = arrêté ou décret

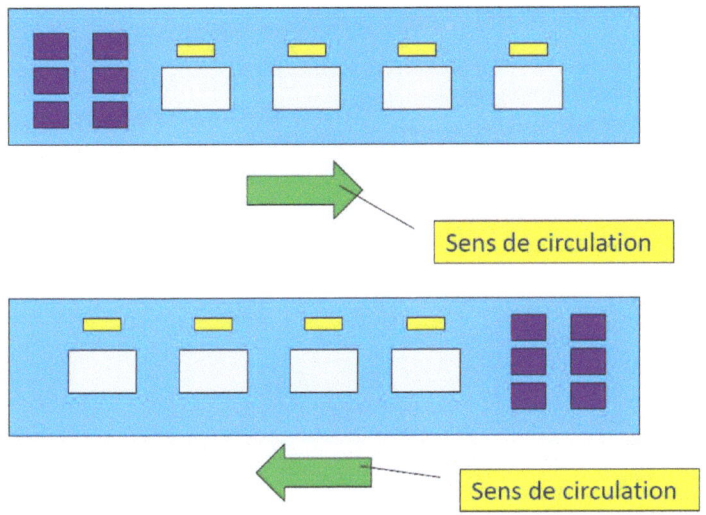

URNE

L'urne électorale est transparente.

Cette urne n'ayant qu'une ouverture destinée à laisser passer l'enveloppe contenant le bulletin de vote doit, avant le commencement du scrutin, avoir été fermée à deux serrures dissemblables, dont les clefs restent, l'une entre les mains du président, l'autre entre les mains d'un assesseur tiré au sort parmi l'ensemble des assesseurs.

Urne laissée sans surveillance :

L'urne est sous la responsabilité du Président du bureau de vote. Même dans le cas où elle est pleine et qu'une seconde urne est mise en service, elle reste dans le bureau de vote sous la surveillance des membres du bureau de vote.

Étape 3 : Le vote

« L'électeur fait constater au Président qu'il n'est porteur que d'une seule enveloppe le Président le constate sans toucher l'enveloppe, que l'électeur introduit lui-même dans l'urne »

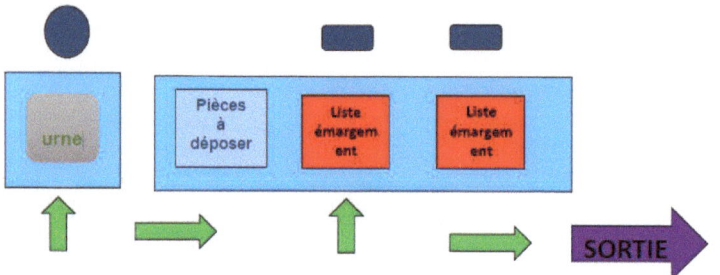

L'électeur se présente devant l'urne :
- Il remet au président sa carte d'électeur ainsi que sa pièce d'identité (+ 1000 hbts)
- Le président énonce le numéro ou le nom de l'électeur (liste alphabétique ou n°)
- L'assesseur chargé de la liste d'émargement (qui peut être scindée en 2 parties) vérifie la présence de l'électeur sur la liste d'émargement
- Le président vérifie l'identité et invite l'électeur à voter
- *L'électeur introduit lui-même l'enveloppe dans l'urne,*
- L'électeur se présente devant l'assesseur pour émarger

- L'électeur repart avec sa carte d'électeur estampillée de la date du jour par un assesseur

Assesseurs

Les assesseurs de chaque bureau sont désignés conformément aux dispositions ci-après :
- Chaque candidat, binôme de candidats ou chaque liste en présence a le droit de désigner un assesseur et un seul pris parmi les électeurs du département ;
- Des assesseurs supplémentaires peuvent être désignés par le maire parmi les conseillers municipaux dans l'ordre du tableau puis, le cas échéant, parmi les électeurs de la commune.

Le jour du scrutin, si, pour une cause quelconque, le nombre des assesseurs se trouve être inférieur à deux, les assesseurs manquants sont pris parmi les électeurs présents sachant lire et écrire le français, selon l'ordre de priorité suivant : l'électeur le plus jeune, puis l'électeur le plus âgé.

Désignation des délégués des candidats

Chaque candidat, binôme de candidats ou liste de candidats a le droit d'exiger la présence en permanence dans chaque bureau de vote d'un délégué habilité à contrôler toutes les opérations électorales.

Chaque candidat, binôme de candidats ou liste de candidats ne peut désigner qu'un seul délégué par bureau de vote. Un même délégué peut être habilité à exercer ce contrôle dans plusieurs bureaux de vote. Les délégués titulaires et suppléants doivent justifier, par la présentation de leur carte électorale, qu'ils sont électeurs dans le département où se déroule le scrutin. Le suppléant d'un assesseur peut être délégué dans d'autres bureaux.

Tout candidat ou son représentant dûment désigné a le droit de contrôler toutes les opérations de vote, de dépouillement des bulletins et de décompte des voix, dans tous les locaux où s'effectuent ces opérations, ainsi que d'exiger l'inscription au procès-verbal de toutes observations, protestations ou contestations sur lesdites opérations, soit avant la proclamation du résultat soit après.

Les délégués ne font pas partie du bureau de vote, ils ne peuvent pas prendre part aux délibérations du bureau, même à titre consultatif.

Usage d'enveloppes de scrutin non réglementaires

Le vote a lieu sous enveloppe, obligatoirement d'une couleur différente de celle de la précédente consultation générale. Le jour du vote, celles-ci sont mises à la disposition des électeurs dans la salle de vote. Avant l'ouverture du scrutin, le bureau doit constater que le nombre des enveloppes correspond exactement à celui des électeurs inscrits.

Si, par suite d'un cas de force majeure, du délit prévu à l'article L. 113 ou pour toute autre cause, ces enveloppes réglementaires font défaut, le président du bureau de vote est tenu de les remplacer par d'autres d'un type uniforme, frappées du timbre de la mairie, et de procéder au scrutin conformément aux dispositions du présent code.

Mention est faite de ce remplacement au procès-verbal et cinq des enveloppes dont il a été fait usage y sont annexées.

Refus de mise à disposition des électeurs du procès-verbal pour y inscrire une réclamation
Pendant toute la durée des opérations de vote, le procès-verbal est tenu à la disposition des membres du bureau, candidats, remplaçants et délégués des candidats, électeurs du bureau et personnes chargées du contrôle des opérations, qui peuvent y porter leurs observations ou réclamations
L'absence du procès-verbal ou sa non-présentation peut entraîner l'annulation des résultats du bureau de vote. N'oubliez pas qu'il est en double exemplaire et que vous devez

inscrire de manière identique sur les 2 originaux.

La clôture du scrutin

À 18 heures (19 heures ou plus tard si l'heure de clôture a été retardée par Arrêté Préfectoral), le président du bureau de vote, après avoir demandé si une personne présente dans la salle, souhaitait voter, déclare le scrutin clos.

Les scrutateurs
Le dépouillement est opéré par des scrutateurs sous la surveillance des membres du bureau.
À défaut de scrutateurs en nombre suffisant, le bureau de vote peut y participer.
Les scrutateurs désignés, par les candidats ou mandataires des listes en présence ou par les délégués, sont pris parmi les électeurs présents. Les délégués peuvent être également scrutateurs.
Leurs nom, prénoms et date de naissance sont communiqués au président du bureau au moins une heure avant la clôture du scrutin.
Ces scrutateurs doivent être affectés aux tables de dépouillement de telle sorte que la lecture des bulletins et l'inscription des

suffrages soient, autant que possible, contrôlées simultanément par un scrutateur de chaque candidat ou de chaque liste.

Les bulletins blancs

La loi du 21 février 2014 reconnaît le vote blanc aux élections.

Sont considérés comme « votes blancs » :
- **Les bulletins blancs sans aucune inscription,**
- **Les enveloppes vides.**

Les bulletins blancs doivent être annexés au procès-verbal.

Il n'est pas spécifié dans les textes qu'ils doivent être signés par les membres du bureau comme pour les bulletins nuls car ils n'ont pas à faire l'objet d'une appréciation, ils sont caractérisés par un papier blanc ou une enveloppe vide.

Les bulletins nuls

N'entrent pas en compte dans le résultat du dépouillement :
- Ceux ne contenant pas une désignation suffisante
- Ceux dans lesquels les votants se sont faits connaître

- Les bulletins trouvés dans l'urne sans enveloppe ou dans des enveloppes non réglementaires
- Les bulletins écrits sur papier de couleur
- Les bulletins ou enveloppes portant des signes intérieurs ou extérieurs de reconnaissance,
- Les bulletins ou enveloppes portant des mentions injurieuses pour les candidats ou pour des tiers

Ils sont annexés au procès-verbal ainsi que les enveloppes non réglementaires et contresignés par les membres du bureau.

Chacun de ces bulletins annexés doit porter mention des causes de l'annexion.

> Si l'annexion n'a pas été faite, cette circonstance n'entraîne l'annulation des opérations qu'autant qu'il est établi qu'elle a eu pour but et pour conséquence de porter atteinte à la sincérité du scrutin

L'article R 66-2 (modifié par l'article 1 du Décret 2020-1397 du 17/11/2020) précise les cas d'annulation des bulletins de vote :

Sont nuls et n'entrent pas en compte dans le résultat du dépouillement :

1° Les bulletins ne répondant pas aux prescriptions légales ou réglementaires édictées pour chaque catégorie d'élections, à l'exception de la prescription relative au grammage, ce dernier pouvant être de 60 à 80 grammes par mètre carré

2° Les bulletins non conformes aux dispositions de l'article L. 52-3

3° Les bulletins comportant une modification de l'ordre de présentation des candidats

4° Les bulletins imprimés d'un modèle différent de ceux qui ont été produits par les candidats ou qui comportent une mention manuscrite

5° Les circulaires utilisées comme bulletin

6° Les bulletins manuscrits lors des scrutins de liste.

> Les dispositions du présent article ne sont pas applicables à l'élection des conseillers municipaux dans les communes de moins de 1 000 habitants à l'exception du 2°, sans préjudice toutefois du dernier alinéa de l'article L. 257.

Méthodologie

- ➢ Dès la clôture du scrutin, il est procédé au dénombrement des émargements et à la signature de la liste des émargements par les membres du bureau avant ouverture de l'urne.
- ➢ Le dépouillement suit immédiatement le dénombrement des émargements, il doit être

conduit sans désemparer jusqu'à son achèvement complet.

➢ L'urne est ouverte et les enveloppes sont comptées (si différence avec les émargements, après recompte si ce nombre est plus grand ou moindre que celui des émargements, il en est fait mention au procès-verbal).

➢ Les enveloppes contenant les bulletins sont regroupées par paquet de 100.

Ces paquets sont introduits dans des enveloppes spécialement réservées à cet effet.

Dès l'introduction d'un paquet de 100 bulletins, l'enveloppe est cachetée et y sont apposées les signatures du président du bureau de vote et d'au moins deux assesseurs représentant, sauf liste ou candidat unique, des listes ou des candidats différents....

➢ Le président répartit les enveloppes de centaine entre les tables...

Les tables sur lesquelles s'effectue le dépouillement sont disposées de telle sorte que les électeurs puissent circuler autour. (Le nombre de tables ne peut être supérieur à celui des isoloirs).

Article L 65 al.3 :

Si plusieurs candidats ou plusieurs listes sont en présence, il leur est permis de désigner respectivement les scrutateurs, lesquels doivent être répartis également autant que possible par chaque table de dépouillement.

Les bulletins multiples ne comptent que pour un seul quand ils désignent la même liste ou le même candidat.

À chaque table, l'un des scrutateurs extrait le bulletin de chaque enveloppe et le passe déplié à un autre scrutateur. Celui-ci le lit à haute voix (il ne doit pas lire les diffamations ou injures).

Les noms portés sur les bulletins sont relevés par deux scrutateurs au moins sur des listes préparées à cet effet.

Si une enveloppe contient plusieurs bulletins, le vote est nul quand les bulletins portent des listes et des noms différents.

Les bulletins multiples ne comptent que pour un seul quand ils désignent la même liste ou le même candidat.

Article R66 :

Une fois les opérations de lecture et de pointage terminées, les scrutateurs remettent au bureau les feuilles de pointage signées par eux, en même temps que les bulletins, enveloppes électorales et enveloppes de centaine dont la régularité leur a paru douteuse, ou a été contestée par des électeurs ou par les délégués des candidats.

> Ce sont les membres du bureau qui décident de la validité des bulletins décomptés et non les scrutateurs.

Le procès-verbal et la proclamation des résultats

Pendant toute la durée des opérations de vote, le procès-verbal est tenu à la disposition des membres du bureau, candidats, remplaçants et délégués des candidats, électeurs du bureau et personnes chargées du contrôle des opérations, qui peuvent y porter leurs observations ou réclamations[64].

> L'absence du procès-verbal ou sa non-présentation peut entrainer l'annulation des résultats du bureau de vote.

---

[64] Art R52 al.3 du code électoral

Immédiatement après la fin du dépouillement, le procès-verbal des opérations électorales est rédigé par le secrétaire dans la salle de vote, en présence des électeurs. Il est établi en deux exemplaires, signés de tous les membres du bureau. Les délégués (si présents) *des candidats ou listes en présence sont obligatoirement invités à contresigner ces deux exemplaires*[65].

Le procès-verbal comporte notamment :
- le nombre d'électeurs inscrits,
- le nombre d'émargements,
- le nombre de votants, enveloppes et bulletins sans enveloppe
- le nombre de suffrages exprimés,
- le nombre de suffrages recueillis par chaque candidat ou chaque liste,
- le nombre d'électeurs qui n'ont pas retiré leur carte électorale au bureau de vote, alors qu'elle y était tenue à leur disposition,
- toute réclamation des électeurs ou des délégués des candidats ou des listes, ainsi que les décisions motivées prises par le bureau sur les différents

---
[65] Art R67 al. 1 à 4 du code électoral

incidents qui ont pu se produire au cours des opérations.

- le nombre de bulletins nuls puis celui des blancs,
- Le nombre d'électeurs ayant voté par procuration

Pièces à joindre à l'exemplaire du procès-verbal à transmettre :
- la liste d'émargement
- les bulletins blancs et les bulletins nuls,
- un exemplaire des feuilles de pointage
- l'état des cartes électorales non distribuées

Proclamation des résultats

Dès l'établissement du procès-verbal, le résultat du bureau de vote est proclamé en public par le président du bureau et affiché en toutes lettres par ses soins dans la salle de vote[66].

La proclamation comporte notamment les indications suivantes :
- le nombre d'électeurs inscrits,
- le nombre de votants,
- le nombre de suffrages exprimés,
- le nombre de suffrages recueillis par chaque candidat ou chaque liste, même si certains des candidats n'en

---
[66] Art R67 al.1 à 4 du code électoral

ont recueilli aucun, les candidats sont énumérés dans l'ordre de la liste des candidatures officielles.

- le nombre de bulletins blancs et de bulletins nuls

Communes ayant plusieurs bureaux de vote
Article R69 :

Lorsque les électeurs de la commune sont répartis en plusieurs bureaux de vote, le dépouillement du scrutin est d'abord opéré par bureau et les procès-verbaux sont établis conformément aux dispositions de l'article R. 67.

Le président et les membres de chaque bureau remettent ensuite les deux exemplaires du procès-verbal et les annexes au bureau centralisateur chargé d'opérer le recensement général des votes en présence des présidents des autres bureaux.

Les résultats arrêtés par chaque bureau et les pièces annexes ne peuvent en aucun cas être modifiés.

Un procès-verbal récapitulatif est établi en double exemplaire en présence des électeurs. Il est signé par les membres du bureau centralisateur, les délégués des candidats ou des listes dûment habilités auprès de celui-ci et les présidents des autres bureaux.

> Le résultat est alors proclamé publiquement par le président du bureau centralisateur et affiché aussitôt par les soins du maire.

La transmission du Procès-verbal
Immédiatement après le dépouillement du scrutin, un exemplaire du ou des procès-verbaux suivant le nombre de bureaux de vote de la commune, des opérations électorales de chaque commune, avec les pièces annexées :
- la liste d'émargement
- les bulletins blancs et les bulletins nuls,
- un exemplaire des feuilles de pointage
- l'état des cartes électorales non distribuées
est transmis sans délai à la préfecture ou sous-préfecture (selon les modalités mises en place localement).

> Transmission des résultats :
> Via l'application EIREL (Envoi Informatique des Résultats Électoraux)

La communication au public
La communication des résultats au public
En cas d'élections générales, (en dehors de la proclamation faite dans le bureau de vote), aucun

résultat, partiel ou définitif, ne peut être communiqué au public, par quelque moyen que ce soit, en métropole, avant la fermeture du dernier bureau de vote[67].

En cas d'élections partielles, les mêmes dispositions s'appliquent jusqu'à la fermeture du dernier bureau de vote de la circonscription

La communication des procès-verbaux
Un exemplaire des procès-verbaux est déposé au secrétariat de la mairie.

Tout électeur peut en obtenir communication jusqu'à l'expiration des délais prescrits pour l'exercice des recours contre l'élection soit 5 jours pour l'élection des conseillers départementaux, des conseillers de Paris et des conseillers municipaux, et 10 jours pour l'élection des représentants au Parlement Européen, des députés, des conseillers régionaux et des conseillers à l'assemblée de Corse[68].

La communication des listes d'émargement
Les listes d'émargement sont communicables, y compris entre les deux tours, à tout électeur, jusqu'au dixième jour suivant la date où l'élection est acquise,

---
[67] Art. L52.2 du code électoral
[68] Art. R70 du code électoral

soit à la préfecture, à la sous-préfecture ou à la mairie[69].

Les délégués des candidats ont priorité pour les consulter[70].

---

[69] Art. L70 du code électoral
[70] Art. R71 du code électoral

Annexe 2

Conditions de remboursement de propagande

Article R39

Version en vigueur depuis le 23 mars 2014

Modifié par Décret n°2013-938 du 18 octobre 2013 - art. 18

Lorsqu'il est prévu par la loi, le remboursement par l'État des frais d'impression ou de reproduction et d'affichage exposés avant chaque tour de scrutin par les candidats, les binômes de candidats ou les listes est effectué, sur présentation des pièces justificatives, pour les imprimés suivants :

a) Deux affiches identiques d'un format maximal de 594 mm × 841 mm, par emplacement prévu à l'article L. 51 ;

b) Deux affiches d'un format maximal de 297 mm × 420 mm pour annoncer la tenue des réunions électorales, par emplacement prévu à l'article L. 51 ;

c) Un nombre de circulaires égal au nombre d'électeurs, majoré de 5 % ;

d) Un nombre de bulletins de vote égal au double du nombre d'électeurs, majoré de 10 %.

Toutefois, la somme remboursée ne peut excéder celle résultant de l'application, au nombre des imprimés admis à remboursement, des tarifs d'impression et d'affichage fixés par arrêté conjoint du ministre de l'Intérieur et du ministre chargé de l'économie. Les tarifs sont établis par référence à des documents imprimés sur papier blanc et conformes au grammage et au format fixés par les <u>articles R. 29 et R. 30</u>. Ils peuvent varier en fonction des quantités imprimées et du tour de scrutin.

Le remboursement des frais d'impression ou de reproduction n'est effectué, sur présentation de pièces justificatives, que pour les circulaires et les bulletins de vote produits à partir de papier de qualité écologique répondant au moins à l'un des critères suivants :

a) Papier contenant au moins 50 % de fibres recyclées ;

b) Papier bénéficiant d'une certification internationale de gestion durable des forêts.

Un arrêté du ministre de l'Intérieur précise les conditions d'application des deux alinéas précédents.

Cet article a été modifié par le décret n° 2013-938 du 18 octobre 2013 portant application de la loi n° 2013-403 du 17 mai 2013 relative à l'élection des conseillers départementaux, des conseillers municipaux et des conseillers communautaires, et modifiant le calendrier électoral. Conformément à son article 71, l'article dans sa version modifiée par le décret du 18 octobre 2013 s'applique à compter du prochain renouvellement général des conseils municipaux et communautaires prévu les 23 et 30 mars 2014, y compris aux opérations préparatoires à ce scrutin.

Annexe 3

Plafond par habitant des dépenses électorales (au 1er janvier 2025)

Fraction de la population de la circonscription :	Plafond par habitant des dépenses électorales (en euros) :			
	Election des conseillers municipaux :		Election des conseillers départementaux	Election des conseillers régionaux
	Listes présentes au premier tour	Listes présentes au second tour		
N'excédant pas 15 000 habitants :	1,22	1,68	0,64	0,53
De 15 001 à 30 000 habitants :	1,07	1,52	0,53	0,53
De 30 001 à 60 000 habitants :	0,91	1,22	0,43	0,53
De 60 001 à 100 000 habitants :	0,84	1,14	0,30	0,53
De 100 001 à 150 000 habitants :	0,76	1,07	-	0,38
De 150 001 à 250 000 habitants :	0,69	0,84	-	0,30
Excédant 250 000 habitants :	0,53	0,76	-	0,23

Annexe 4
Exemple de calcul pour une commune de 125 000 habitants

Un candidat tête de liste présent au premier et au second tour doit respecter le calcul par tranches dégressives du plafond suivant :
- Nous calculons avec la formule posée en annexe 3, la première tranche pour 15 000 habitants :
15 000 x 1,68 x 1,23 = 30 996 €
- La deuxième tranche, usant le coefficient effectif entre 15 001 et 30 000 habitants :
15 000 x 1,52 x 1,23 = 28 044 €
- Nous poursuivons ainsi le calcul comme suit jusqu'à la tranche maximale dans laquelle s'inscrit la commune :
30 000 x 1,22 x 1,23 = 45 018 € (à la différence des deux premières tranches, celle-ci comporte en soi 30 000 habitants)
40 000 x 1,14 x 1,23 = 56 088 €
- Nous sommes arrivés au calcul de la dernière tranche pour cette commune, celle de 100 001 à 150 000 habitants. La commune en question, avec ses 125 000 habitants, n'a plus que 25 000 habitants au-dessus de ce seuil. Nous calculons donc comme suit :
25 000 x 1,07 x 1,23 = 32 902 €

- Il s'agit simplement ensuite d'additionner les « sous-plafonds » pour obtenir le plafond à respecter pour le candidat tête de liste : 30 996 + 28 044 + 45 018 + 56 088 + 32 902 = **193 048 €**

C'est par ailleurs sur cette base que seront effectués les remboursements des frais de campagne, tels que détaillés dans l'annexe 3
Le candidat tête de liste, respectant l'intégralité des conditions et obligations légales et réglementaires précitées, sera donc remboursé à hauteur de 47,5 % de ce plafond, soit **91 698 €**.

Annexe 5
Indemnités de fonction brutes mensuelles des maires, des adjoints et des conseillers délégués

INDEMNITÉS DE FONCTION BRUTES MENSUELLES DES MAIRES
(VALEUR DU POINT D'INDICE AU 1er janvier 2024)
Art. L. 2123-23 et L. 2511-35 du code général des collectivités territoriales

POPULATION (nombre d'habitants)	TAUX (en % de l'IB 1027)	INDEMNITÉ BRUTE (en euros)
Moins de 500	25,5	1 048,18
De 500 à 999	40,3	1 656,54
De 1 000 à 3 499	51,6	2 121,03
De 3 500 à 9 999	55	2 260,79
De 10 000 à 19 999	65	2 671,84
De 20 000 à 49 999	90	3 699,47
De 50 000 à 99 999	110	4 521,58
100 000 et plus (y compris Marseille et Lyon)	145	5 960,26
Maires d'arrondissement (Marseille et Lyon)	72,5	2 980,13

Majoration maximale de l'indemnité des maires de communes de 100 000 habitants et plus : 40 %

INDEMNITÉS DE FONCTION BRUTES MENSUELLES DES ADJOINTS AU MAIRE
(VALEUR DU POINT D'INDICE AU 1er janvier 2024)
Art. L. 2123-24, L. 2511-34 et L. 2511-35 du CGCT

POPULATION (nombre d'habitants)	TAUX MAXIMAL (en % de l'IB 1027)	INDEMNITÉ BRUTE (en euros)
Moins de 500	9,9	406,94
De 500 à 999	10,7	439,83
De 1 000 à 3 499	19,8	813,88
De 3 500 à 9 999	22	904,32
De 10 000 à 19 999	27,5	1 130,39
De 20 000 à 49 999	33	1 356,47
De 50 000 à 99 999	44	1 808,63
De 100 000 à 200 000	66	2 712,95
Plus de 200 000	72,5	2 980,13
Adjoints au maire d'arrondissement (Marseille et Lyon)	34,5	1 418,13

INDEMNITÉS DE FONCTION BRUTES MENSUELLES DES CONSEILLERS MUNICIPAUX
(VALEUR DU POINT D'INDICE AU 1er janvier 2024)

TYPE DE COMMUNE	TAUX MAXIMAL (en % de l'IB 1027)	INDEMNITÉ BRUTE (en euros)
Marseille, Lyon *(art. L. 2511-34 du CGCT)*	34,5	1 418,13
Communes de **100 000 habitants et plus** : conseillers municipaux *(art. L. 2123-24-1-I du CGCT)*	6	246,63
Communes de **moins de 100 000 habitants** : conseillers municipaux *(art. L. 2123-24-1-II du CGCT)*	6 (dans l'enveloppe maire + adjoints)	246,63
Ensemble des communes : conseillers municipaux délégués *(art. L. 2123-24-1-III du CGCT)*	indemnité comprise dans l'enveloppe budgétaire maire + adjoints	

Montant mensuel correspondant à l'indice brut 1027 au 1er janvier 2024 :   **4 110,52 €**
(pour mémoire : montant annuel =   49 326,29)   4110,524167
Décret n° 2023-519 du 28 juin 2023

Annexe 6
Indemnités des conseillers départementaux et des conseillers régionaux

INDEMNITÉS DE FONCTION BRUTES MENSUELLES DES CONSEILLERS DÉPARTEMENTAUX
(VALEUR DU POINT D'INDICE AU 1er janvier 2024)
Art. L. 3123-16 du CGCT

POPULATION (nombre d'habitants)	TAUX MAXIMAL (en % de l'IB 1027)	INDEMNITÉ BRUTE (en euros)
Moins de 250 000	40	1 644,21
De 250 000 à moins de 500 000	50	2 055,26
De 500 000 à moins de 1 million	60	2 466,31
De 1 million à moins de 1,25 million	65	2 671,84
1,25 million et plus	70	2 877,37

- Président du Conseil départemental (Art. L. 3123-17 du CGCT) : IB 1027 majoré de 45 % =   5 960,26 €
- Vice-président ayant délégation de l'exécutif du Conseil départemental ou du Conseil de Paris (Art. L. 3123-17 du CGCT) : indemnité de conseiller majorée de 40 %.
- Membre de la commission permanente (Art. L. 3123-17 du CGCT) : indemnité de conseiller majorée de 10 %.

NB : Le barème des conseillers départementaux s'applique aux conseillers régionaux dans les régions d'outre-mer (Art. L. 4432-6 du CGCT).

INDEMNITÉS DE FONCTION BRUTES MENSUELLES DES CONSEILLERS RÉGIONAUX
(VALEUR DU POINT D'INDICE AU 1er janvier 2024)
Art. L. 4135-16 du CGCT

POPULATION (nombre d'habitants)	TAUX MAXIMAL (en % de l'IB 1027)	INDEMNITÉ BRUTE (en euros)
Moins de 1 million	40	1 644,21
De 1 million à moins de 2 millions	50	2 055,26
De 2 millions à moins de 3 millions	60	2 466,31
3 millions et plus	70	2 877,37

- Président du Conseil régional (Art. L. 4135-17 du CGCT) : IB 1027 majoré de 45 % =   5 960,26 €
- Vice-président ayant délégation de l'exécutif du Conseil régional (Art. L. 4135-17 du CGCT) : indemnité de conseiller majorée de 40 %.
- Membre de la commission permanente (Art. L. 4135-17 du CGCT) : indemnité de conseiller majorée de 10 %.

COLLECTIVITÉ TERRITORIALE DE CORSE

- Président de l'Assemblée de Corse et président du conseil exécutif (Art. L. 4422-46 du CGCT) : IB 1027 majoré de 45 % = ... 5 960,26 €
- Membre du conseil exécutif (Art. 4135-17 du CGCT) : indemnité de conseiller territorial majorée de 40 %.
- Membre de la commission permanente de l'Assemblée (Art. L. 4135-17 du CGCT) : indemnité de conseiller majorée de 10 %.
- Conseiller de l'Assemblée de Corse (Art. L. 4422-46 du CGCT) : taux maximal de 60 % de l'IB 1027 = ... 2 466,31 €

ASSEMBLÉE DE GUYANE

- Président de l'Assemblée de Guyane (Art. L. 7125-20 du CGCT) : IB 1027 majoré de 45 % = ... 5 960,26 €
- Vice-président ayant délégation de l'exécutif de l'Assemblée de Guyane (Art. L. 7125-20 du CGCT) : taux maximal de 57,6 % de l'IB 1027 = ... 2 367,66 €
- Membre de la commission permanente (Art. L. 7125-20 du CGCT) : taux maximal de 50,4 % de l'IB 1027 = ... 2 071,70 €
- Conseiller de l'Assemblée de Guyane (Art. L. 7125-19 du CGCT) : taux maximal de 48 % de l'IB 1027 = ... 1 973,05 €

ASSEMBLÉE DE MARTINIQUE

- Président de l'Assemblée de Martinique et président du conseil exécutif (Art. L. 7227-20 et L. 7227-21 du CGCT) :   IB 1027 majoré de 45 % = ... 5 960,26 €
- Vice-président de l'Assemblée de Martinique et conseiller exécutif (Art. L. 7227-20 et L. 7227-21 du CGCT) : taux maximal de 72 % de l'IB 1027 = ... 2 959,58 €
- Conseiller de l'Assemblée de Martinique (Art. L. 7227-19 du CGCT) : taux maximal de 60 % de l'IB 1027 = ... 2 466,31 €

CONSEIL TERRITORIAL DE SAINT-BARTHELEMY
CONSEIL TERRITORIAL DE SAINT-MARTIN
CONSEIL TERRITORIAL DE SAINT-PIERRE-ET-MIQUELON

- Président du Conseil territorial (Art. L.O. 6224-2, L.O. 6325-2 et L.O. 6434-2 du CGCT) : IB 1027 majoré de 45 % = ... 5 960,26 €
- Vice-président ayant délégation de l'exécutif du Conseil territorial (Art. L.O. 6224-2, L.O. 6325-2 et L.O. 6434-2 du CGCT) : indemnité de conseiller majorée de 40 %.
- Membre de la commission permanente (Art. L.O. 6224-2, L.O. 6325-2 et L.O. 6434-2 du CGCT) : indemnité de conseiller majorée de 10 %.
- Conseiller territorial (Art. L.O. 6224-2, L.O. 6325-2 et L.O. 6434-2 du CGCT) : taux maximal de 50 % de l'IB 1027   = ... 2 055,26 €

Annexe 7
Indemnités des établissements publics de coopération intercommunale à fiscalité propre

COMMUNAUTÉS URBAINES
COMMUNAUTÉS D'AGGLOMÉRATION
MÉTROPOLES

INDEMNITÉS DE FONCTION BRUTES MENSUELLES DES PRÉSIDENTS
(VALEUR DU POINT D'INDICE AU 1er janvier 2024)
Art. L. 5211-12, L. 5215-16, L. 5216-4, R. 5215-2-1 et R. 5216-1 du CGCT

POPULATION (nombre d'habitants)	TAUX MAXIMAL (en % de l'IB 1027)	INDEMNITÉ BRUTE (en euros)
De 20 000 à 49 999	90	3 699,47
De 50 000 à 99 999	110	4 521,58
De 100 000 à 199 999	145	5 960,26
Plus de 200 000	145	5 960,26

INDEMNITÉS DE FONCTION BRUTES MENSUELLES DES VICE-PRÉSIDENTS
(VALEUR DU POINT D'INDICE AU 1er janvier 2024)
Art. L. 5211-12, L. 5215-16, L. 5216-4, R. 5215-2-1 et R. 5216-1 du CGCT

POPULATION (nombre d'habitants)	TAUX MAXIMAL (en % de l'IB 1027)	INDEMNITÉ BRUTE (en euros)
De 20 000 à 49 999	33	1 356,47
De 50 000 à 99 999	44	1 808,63
De 100 000 à 199 999	66	2 712,95
Plus de 200 000	72,5	2 980,13

INDEMNITÉS DE FONCTION BRUTES MENSUELLES DES DÉLÉGUÉS

POPULATION (nombre d'habitants)	TAUX MAXIMAL (en % de l'IB 1027)	INDEMNITÉ BRUTE (en euros)
De 100 000 à 399 999 habitants *(Art. L. 5215-16 et L. 5216-4 du CGCT)*	6	246,63
De 400 000 habitants au moins *(Art. L. 5215-17 et L. 5216-4-1 du CGCT)*	28	1 150,95
Communautés de **moins de 100 000 habitants** : conseillers communautaires *(Art. L. 2123-24-1-II du CGCT)*	6 (dans l'enveloppe présidents + vice-présidents)	246,63
Ensemble des communautés : conseillers communautaires délégués *(Art. L. 2123-24-1-III du CGCT)*	indemnité comprise dans l'enveloppe budgétaire présidents + vice-présidents	

COMMUNAUTÉS DE COMMUNES

INDEMNITÉS DE FONCTION BRUTES MENSUELLES DES PRÉSIDENTS
(VALEUR DU POINT D'INDICE AU 1er janvier 2024)
Art. L. 5211-12 et R. 5214-1 du CGCT

POPULATION (nombre d'habitants)	TAUX MAXIMAL (en % de l'IB 1027)	INDEMNITÉ BRUTE (en euros)
Moins de 500	12,75	524,09
De 500 à 999	23,25	955,70
De 1 000 à 3 499	32,25	1 325,64
De 3 500 à 9 999	41,25	1 695,59
De 10 000 à 19 999	48,75	2 003,88
De 20 000 à 49 999	67,5	2 774,60
De 50 000 à 99 999	82,49	3 390,77
De 100 000 à 199 999	108,75	4 470,20
Plus de 200 000	108,75	4 470,20

INDEMNITÉS DE FONCTION BRUTES MENSUELLES DES VICE-PRÉSIDENTS
(VALEUR DU POINT D'INDICE AU 1er janvier 2024)
Art. L. 5211-12 et R. 5214-1du CGCT

POPULATION (nombre d'habitants)	TAUX MAXIMAL (en % de l'IB 1027)	INDEMNITÉ BRUTE (en euros)
Moins de 500	4,95	203,47
De 500 à 999	6,19	254,44
De 1 000 à 3 499	12,37	508,47
De 3 500 à 9 999	16,5	678,24
De 10 000 à 19 999	20,63	848,00
De 20 000 à 49 999	24,73	1 016,53
De 50 000 à 99 999	33	1 356,47
De 100 000 à 199 999	49,5	2 034,71
Plus de 200 000	54,37	2 234,89

INDEMNITÉS DE FONCTION BRUTES MENSUELLES DES DÉLÉGUÉS

POPULATION (nombre d'habitants)	TAUX MAXIMAL (en % de l'IB 1027)	INDEMNITÉ BRUTE (en euros)
Plus de 100 000 habitants *(Art. L. 2123-24-1-I du CGCT)*	6	246,63
Communautés de **moins de 100 000 habitants** : conseillers communautaires *(Art. L. 2123-24-1-II du CGCT)*	6 (dans l'enveloppe présidents + vice-présidents)	246,63
Ensemble des communautés : conseillers communautaires délégués *(Art. L. 2123-24-1-III du CGCT)*	indemnité comprise dans l'enveloppe budgétaire présidents + vice-présidents	

MÉTROPOLE D'AIX-MARSEILLE-PROVENCE

- Régime indemnitaire des métropoles de droit commun.
- Les présidents des conseils de territoire qui avaient un mandat en cours au 30 juin 2022 continuent d'exercer leurs fonctions de vice-présidents du conseil de la Métropole Aix-Marseille-Provence jusqu'au prochain renouvellement général de 2026 (art. 181 de la loi n°2022-217 du 21 février 2022). Ils entrent en compte dans la détermination de l'enveloppe indemnitaire.

MÉTROPOLE DU GRAND PARIS

- Régime indemnitaire des métropoles de droit commun.

- Présidents d'un établissement public territorial (Art. L. 5219-2-1 du CGCT) : taux maximal de 110 % de l'IB 1027 =	4 521,58 €
- Vice-présidents d'un établissement public territorial (Art. L. 5219-2-1 du CGCT) : taux maximal de 44 % de l'IB 1027 =	1 808,63 €
- Conseiller d'un établissement public territorial (Art. 5219-2-1 du CGCT) : taux maximal de 6 % de l'IB 1027 = (dans l'enveloppe présidents + vice-présidents)	246,63 €

COLLECTIVITÉS TERRITORIALES A STATUT PARTICULIER :
MÉTROPOLE DE LYON

- Président du Conseil de la Métropole (Art. L. 3632-4 du CGCT) : IB 1027 majoré de 45 % =	5 960,26 €
- Conseiller métropolitain (Art. L. 3632-3 du CGCT) : taux maximal de 70 % de l'IB 1027 =	2 877,37 €

- Vice-président ayant délégation de l'exécutif du Conseil de la Métropole (Art. L. 3632-4 du CGCT) : indemnité de conseiller majorée de 40 %.
- Membre de la commission permanente (Art. L. 3632-4 du CGCT) : indemnité de conseiller majorée de 10 %.

VILLE DE PARIS

- Maire de Paris (Art. L. 2511-34-1 du CGCT) : taux maximal de 192,5 % de l'IB 1027 =	7 912,76 €
- Adjoint au maire de Paris (Art. L. 2511-34-1 du CGCT) : taux maximal de 128,5 % de l'IB 1027 = 5 250.39 €	5 282,02 €
- Conseiller de Paris (Art. L. 2511-34-1 du CGCT) : taux maximal de 90,5 % de l'IB 1027 =	3 720,02 €
- Conseiller de Paris investis des fonctions de maire d'arrondissement (Art. L. 2511-35-1 du CGCT) : taux maximal de 128,5 % de l'IB 1027 =	5 282,02 €
- Maire d'arrondissement qui n'est pas conseiller de Paris (Art. L. 2511-35-1 du CGCT) : taux maximal de 72,5 % de l'IB 1027 =	2 980,13 €
- Adjoint au maire d'arrondissement qui n'est pas conseiller de Paris (Art. L. 2511-35-1 du CGCT) : taux maximal de 34,5 % de l'IB 1027 =	1 418,13 €

SYNDICATS DE COMMUNES
SYNDICATS MIXTES COMPOSÉS EXCLUSIVEMENT DE COMMUNES ET D'ÉTABLISSEMENTS PUBLICS DE COOPÉRATION INTERCOMMUNALE

INDEMNITÉS DE FONCTION BRUTES MENSUELLES DES PRÉSIDENTS
(VALEUR DU POINT D'INDICE AU 1er janvier 2024)
Art. L. 5211-12, R. 5212-1 et R. 5711-1 du CGCT

POPULATION (nombre d'habitants)	TAUX MAXIMAL (en % de l'IB 1027)	INDEMNITÉ BRUTE (en euros)
Moins de 500	4,73	194,43
De 500 à 999	6,69	274,99
De 1 000 à 3 499	12,2	501,48
De 3 500 à 9 999	16,93	695,91
De 10 000 à 19 999	21,66	890,34
De 20 000 à 49 999	25,59	1 051,88
De 50 000 à 99 999	29,53	1 213,84
De 100 000 à 199 999	35,44	1 456,77
Plus de 200 000	37,41	1 537,75

INDEMNITÉS DE FONCTION BRUTES MENSUELLES DES VICE-PRÉSIDENTS
(VALEUR DU POINT D'INDICE AU 1er janvier 2024)
Art. L. 5211-12, R. 5212-1 et R. 5711-1 du CGCT

POPULATION (nombre d'habitants)	TAUX MAXIMAL (en % de l'IB 1027)	INDEMNITÉ BRUTE (en euros)
Moins de 500	1,89	77,69
De 500 à 999	2,68	110,16
De 1 000 à 3 499	4,65	191,14
De 3 500 à 9 999	6,77	278,28
De 10 000 à 19 999	8,66	355,97
De 20 000 à 49 999	10,24	420,92
De 50 000 à 99 999	11,81	485,45
De 100 000 à 199 999	17,72	728,38
Plus de 200 000	18,7	768,67

SYNDICATS MIXTES ASSOCIANT EXCLUSIVEMENT DE COMMUNES, DES EPCI, DES DÉPARTEMENTS ET DES RÉGIONS

INDEMNITÉS DE FONCTION BRUTES MENSUELLES DES PRÉSIDENTS
(VALEUR DU POINT D'INDICE AU 1er janvier 2024)
Art. L. 5721-8 et R. 5723-1 du CGCT

POPULATION (nombre d'habitants)	TAUX MAXIMAL (en % de l'IB 1027)	INDEMNITÉ BRUTE (en euros)
Moins de 500	2,37	97,42
De 500 à 999	3,35	137,70
De 1 000 à 3 499	6,1	250,74
De 3 500 à 9 999	8,47	348,16
De 10 000 à 19 999	10,83	445,17
De 20 000 à 49 999	12,8	526,15
De 50 000 à 99 999	14,77	607,12
De 100 000 à 199 999	17,72	728,38
Plus de 200 000	18,71	769,08

INDEMNITÉS DE FONCTION BRUTES MENSUELLES DES VICE-PRÉSIDENTS

(VALEUR DU POINT D'INDICE AU 1er janvier 2024)
Art. L. 5721-8 et R. 5723-1 du CGCT

POPULATION (nombre d'habitants)	TAUX MAXIMAL (en % de l'IB 1027)	INDEMNITÉ BRUTE (en euros)
Moins de 500	0,95	39,05
De 500 à 999	1,34	55,08
De 1 000 à 3 499	2,33	95,78
De 3 500 à 9 999	3,39	139,35
De 10 000 à 19 999	4,33	177,99
De 20 000 à 49 999	5,12	210,46
De 50 000 à 99 999	5,91	242,93
De 100 000 à 199 999	8,86	364,19
Plus de 200 000	9,35	384,33

Annexe 8

Communiqué de presse des associations d'élus demandant la parité dans les fonctions électives

Paris, le 6 février 2025

Communiqué de presse

Municipales 2026 : l'AMF, l'AMRF, Intercommunalités de France et le HCE appellent à voter le scrutin de liste dans toutes les communes

Il y a 6 ans, jour pour jour, les associations nationales d'élus locaux et le HCE appelaient à légiférer dans les plus brefs délais pour renforcer la parité dans les communes dès 2020.

À l'approche des échéances municipales de mars 2026, force est de constater que malgré de nombreux rapports parlementaires soutenant l'extension du scrutin de liste aux communes de moins de 1 000 habitants, tant du côté de l'Assemblée nationale que du Sénat, cette mesure n'a pas abouti alors qu'il y a urgence.

L'Association des maires de France et des présidents d'intercommunalité, l'Association des maires ruraux de France, Intercommunalités de France et le Haut Conseil à l'Égalité appellent donc le Sénat à inscrire très rapidement à son ordre du jour la proposition de loi adoptée par l'Assemblée nationale en février 2022 visant « à renforcer la parité dans les fonctions électives et exécutives du bloc communal ».

Ce texte étend le scrutin de liste aux communes de moins de 1 000 habitants. Pour tenir compte des spécificités de ces communes, il autorise, en outre, le dépôt de listes incomplètes tout en prévoyant un minimum de candidats par liste.

Les associations signataires de cet appel sont convaincues que c'est un enjeu de vitalité démocratique locale. Au-delà de constituer un levier nécessaire pour la parité, le scrutin de liste assure, de surcroît, la diversité et le renouvellement d'équipes municipales autour du maire et d'un projet commun. Il permet aux citoyens qui souhaitent s'investir dans leur village de le faire avec un cadre clair et identique pour toutes les communes. Les mesures concernant la complétude des listes apportent par ailleurs de la souplesse, attendue par les élus qui s'engagent.

Aujourd'hui, alors que de nombreux élus et citoyens s'interrogent sur leur futur engagement pour les élections de 2026, il est urgent et nécessaire d'aboutir sur ce texte avant mars 2025. Les atermoiements n'ont que trop duré et le mandat s'achève sans avancée significative ; c'est également le cas sur le statut de l'élu. Pour favoriser l'engagement, motiver les équipes municipales à se constituer, faciliter le scrutin local pour tous les Français, il est important d'inscrire et de voter ce texte au plus vite.

AMF
Marie-Hélène GALIN
Tél. 01 44 18 13 59
marie-helene.galin@amf.asso.fr

AMRF
Cédric Szabo
Tél. 06 85 76 94 90
cedric.szabo@amrf.fr

HCE
Kevin Peillé
Tél. 06 63 42 20 67
kevin.peille@pm.gouv.fr

Intercommunalités de France
Yoarm Jacquet
Tél. 06 71 50 65 88
y.jacquet@intercommunalites.fr

Résumé
Conquérir ou conserver la mairie : stratégie pour gagner les élections municipales

Conquérir ou conserver une mairie va bien au-delà d'un simple exercice électoral : c'est une démarche au cœur de la démocratie locale, nécessitant une vision d'avenir et une compréhension fine des attentes des citoyens. Cet ouvrage est conçu comme un guide pratique pour mener une campagne municipale, abordant les étapes clés : constituer une équipe, élaborer un programme, communiquer efficacement, mobiliser les habitants et poser les bases d'un mandat basé sur l'intégrité et la proximité.

La notion de stratégie, essentielle dans cette conquête, est définie comme un ensemble d'actions coordonnées pour atteindre un objectif précis. Les définitions de spécialistes comme Michael Porter, Igor Ansoff et Henry Mintzberg mettent en lumière son importance en matière d'avantage concurrentiel, d'adaptabilité et de décisions interconnectées. En somme, la stratégie combine planification, ressources et compréhension de l'environnement pour assurer le succès d'un projet ambitieux, ici, celui de représenter, gérer et transformer un territoire.

Les auteurs

Eric Scarazzini, docteur en sciences de gestion dont les travaux de recherche révèlent une expertise dans les domaines du management public, de la gouvernance territoriale et des tensions de rôle des cadres dans les collectivités territoriales, est chercheur au sein du Laboratoire CORHIS. Il est membre de l'équipe pédagogique du master Communication Publique et Politique (COPUPO), directeur général du Cabinet Agora, agréé pour la formation des élus. Son expérience de directeur territorial, renforce la pertinence et l'applicabilité de ses recherches.

Christophe Rigaud-Bonnet, fonctionnaire territorial, ancien directeur de cabinet, intervenant pour le CNFPT et l'AMF. Fondateur du Cabinet Agora (organisme agréé pour la formation des élus).

www.cabinetagora.com
contact@cabinetagora.com